O LADRÃO DE TÚMULOS
Como Jesus Pode Tornar o seu Impossível Possível

Mark Batterson

Traduzido por
Luís Aron de Macedo

2ª impressão

Rio de Janeiro
2023

Todos os direitos reservados. Copyright © 2016 para a língua portuguesa da Casa Publicadora das Assembleias de Deus. Aprovado pelo Conselho de Doutrina.

É proibida a duplicação ou reprodução deste volume, no todo ou em parte, sob quaisquer formas ou meios (eletrônico, mecânico, gravação, fotocópia, distribuição na web e outros), sem permissão expressa da Editora.

Título do original em inglês: *The Grave Robber*
Baker Publishing Group, Michigan, EUA
Primeira edição em inglês: 2014
Tradução: Luiz Aron de Macedo

Preparação dos originais: Cristiane Alves
Revisão: Miquéias Nascimento
Capa: Jonas Lemos
Editoração: Oséas F. Maciel

CDD: 248 – Vida Cristã
ISBN: 978-85-263-1375-0

As citações bíblicas foram extraídas da versão Almeida Revista e Corrigida, edição de 1995, da Sociedade Bíblica do Brasil, salvo indicação em contrário.

Para maiores informações sobre livros, revistas, periódicos e os últimos lançamentos da CPAD, visite nosso site: https://www.cpad.com.br.

SAC — Serviço de Atendimento ao Cliente: 0800-021-7373

Casa Publicadora das Assembleias de Deus
Av. Brasil, 34.401, Bangu, Rio de Janeiro – RJ
CEP 21.852-002

1ª edição: Março/2016
2ª Impressão: 2023
Impresso no Brasil
Tiragem: 300

DEDICATÓRIA

*Dedicado ao Ladrão de Túmulos
e aos que o encontrarão pela primeira vez
nas páginas deste livro.*

AGRADECIMENTOS

É impossível expressar a medida cheia de gratidão a todos os que merecem pelo papel que desempenharam na criação deste livro.

Em primeiro lugar, agradeço à minha família. Deus não chamou apenas a mim para escrever e pastorear. Chamou a nossa família. Agradeço à minha esposa Lora e aos nossos três filhos Parker, Summer e Josiah.

Agradeço especialmente ao meu cunhado Joel Schmidgall, que faz parte de nossa equipe de ensino na Igreja da Comunidade Nacional. Suas mensagens sobre milagres me inspiraram e estão, sem dúvida, entrelaçadas nas páginas deste livro.

Agradeço muito à equipe dos sonhos da editora Baker Books que acreditaram neste livro tanto quanto eu: Dwight Baker, Chad Allen, Twila Bennett, Jack Kuhatschek, David Lewis, Wendy Wetzel, Ruth Anderson, Michele Misiak e Cheryl Van Andel.

Agradeço a Esther Fedorkevich, minha agente, e à equipe da Agência Fedd.

Agradeço à Jennifer, minha assistente, por sua ajuda com os toques finais.

Por fim, é um desafio único escrever um livro sobre aquEle que me salvou e me chamou. Sou eternamente grato pelo dia em que o Ladrão de Túmulos disse: "Mark, vem para fora".

SUMÁRIO

Dedicatória

Agradecimentos

Não Perca o Milagre
1. O Dia em que a Água Corou 11
2. O Milagroso 13
3. Os Milagres Perdidos 19

O Primeiro Sinal
4. O Fabricante de Vinho 29
5. Seis Talhas de Pedra 39
6. Um Toque 51

O Segundo Sinal
7. A Sincronicidade Sobrenatural 61
8. Vá com Deus 77
9. À Hora Sétima 87

O Terceiro Sinal
10. Muito Supersticioso 97
11. Profecias Autorrealizáveis 107

12. O Quebrador de Regras 117

O Quarto Sinal
13. Dois Peixinhos 129
14. O Senhor Álgebra 139
15. Conte os Peixes 149

O Quinto Sinal
16. O Andador sobre as Águas 161
17. O Desafiador do Diabo 171
18. Corte o Cabo 181

O Sexto Sinal
19. Nunca Diga Nunca 193
20. A Liga dos Milagres 203
21. Cuspa 215

O Sétimo Sinal
22. O Ladrão de Túmulos 225
23. Também agora 233
24. Arrisque sua Reputação 245
25. Um Pequeno Sim 255

Notas 259

NÃO PERCA O MILAGRE

Ninguém pode fazer estes sinais que tu fazes,
se Deus não for com ele.
— João 3.2

Capítulo

1

O DIA EM QUE A ÁGUA COROU

POR QUASE 30 anos, aquEle que criara o universo com a voz fabricava móveis com as mãos. Ele era bom no que fazia. Jamais saiu uma mesa com pernas tortas da carpintaria em Nazaré.[1] Contudo Jesus era mais do que carpinteiro hábil. Era também Deus incógnito. Seus poderes miraculosos classificam-se como o segredo mais bem guardado da história por quase três décadas, porém tudo mudou no dia em que a água corou na presença do Criador.

Esse foi o dia em que o trabalhador com madeira tornou-se o trabalhador com água. Jesus manipulou a estrutura molecular da água e a transformou em vinho — aproximadamente 750 garrafas. E nada mais do que o melhor. Não era apenas vinho, era vinho fino.

Às vezes, Deus se mostra.

Às vezes, Deus se esconde.

Foi o que Jesus fez no terceiro dia de uma festa de casamento em Caná, e era apenas o começo. Trinta e quatro milagres estão registrados nos Evangelhos, ainda que incontáveis outros não foram registrados. O Evangelho de João destaca sete milagres, revelando sete dimensões do poder milagroso de Jesus. Como o nascer do sol no leste, cada milagre mostra outra gama da glória de Deus até Lázaro sair da sombra do túmulo e ir para a luz do Ladrão de Túmulos.

Os sete milagres são sete sinais, e cada sinal aponta direto para Jesus. Você pode estar lendo este livro porque precisa de um milagre. Não precisamos todos em algum momento da vida? Deus quer fazer *agora* o que Ele fazia *então*. No entanto, este é mais do que um curso de milagres. É um livro sobre o Único que pode realizá-los. Deixe-me dar um aviso já de início:

Não procure milagres.

Siga Jesus.

Se você seguir Jesus por tempo o suficiente e distância o suficiente, você se encontrará no meio de milagres.

Todo mundo quer um milagre. Mas aqui está o problema: ninguém quer estar em uma situação que exige um milagre! Claro que você não pode ter um sem o outro.

O pré-requisito para um milagre é um problema, e quanto maior o problema, maior será o milagre. Se não tivesse faltado vinho na festa de casamento em Caná, não haveria necessidade de o Criador de Vinho realizar o milagre. O que a noiva e o noivo perceberam como problema foi a oportunidade perfeita para Deus revelar sua glória. E nada mudou desde que Jesus transformou a água em vinho, curou um cego de nascença ou chamou Lázaro para sair do túmulo quatro dias depois de ter sido enterrado.

Leitor, Deus pode tornar o seu impossível possível!

Capítulo

2

O MILAGROSO

EM CERTA MANHÃ DE JANEIRO de 2007, um violinista mundialmente famoso tocou seis dos mais incríveis concertos para violino solo de Johann Sebastian Bach em um Stradivarius de 300 anos de idade, cujo valor remontava a 3 milhões e meio de dólares. Duas noites antes, Joshua Bell fizera um concerto com bilheteria esgotada, no qual as pessoas pagaram de bom grado 200 dólares só para ficar nos lugares mais afastados, mas desta vez a apresentação foi grátis.

Bell deixou de lado seu *smoking* com abas, pôs um boné de beisebol do *Washington Nationals* e tocou incógnito do lado de fora da estação de metrô L'Enfant Plaza. Músicos de rua não são uma visão ou som incomum em Washington. Na verdade, meu filho Parker já tocou violão uma vez ou duas no lado de fora de estações de metrô, na tentativa de ganhar um dinheiro extra para gastar. Por incrível que pareça, as gorjetas que ganhou foram quase tão boas quanto as gorjetas que o virtuoso Joshua Bell ganhou.

O experimento foi originalmente concebido pelo colunista Gene Weingarten, do Washington Post, e filmado por câmeras escondidas. Das 1.097 pessoas que passaram, apenas sete pararam para ouvir. A apresentação de 45 minutos terminou sem aplausos ou agradecimentos. Joshua Bell ganhou 32,17 dólares em gorjetas, já incluso um ponto de 20 dólares de uma pessoa que reconheceu o músico ganhador de Grammy.[1]

Em um dia de trabalho, quase 1 milhão de passageiros usam o sistema de metrô de Washington, e L'Enfant Plaza é uma das paradas mais movimentadas. A debandada de turistas e funcionários do governo passam com pressa pelas catracas, no esforço de chegar onde quer que estejam indo o mais rápido possível. Mas essas circunstâncias não desacreditam ou desqualificam a questão levantada por este experimento social: Se não temos um momento para parar e ouvir um dos maiores músicos da atualidade tocar umas das melhores músicas já escritas, com um dos mais belos instrumentos já feitos, quantos momentos similarmente sublimes perdemos durante um dia normal?

Quem não conhece o velho ditado "*A beleza está nos olhos de quem vê*"? É uma verdade pertinente a tudo, não é mesmo? Mas é uma verdade especialmente pertinente a milagres. Milagres estão acontecendo ao redor o tempo todo, entretanto você não os verá se não souber procurá-los.

O Gorila Invisível

Christopher Chabris e Daniel Simons realizaram um experimento na Universidade de Harvard há mais de uma década, que se tornou famoso nos círculos da psicologia. Seu livro *O Gorila Invisível* popularizou-o. Você pode ser um dos milhões de telespectadores que tornaram seu Teste de Atenção Seletiva em um dos vídeos mais vistos do YouTube.[2]

Os dois pesquisadores filmaram estudantes passando bolas de basquete enquanto se movimentavam em forma circular. No meio do curta-metragem, uma mulher vestida com roupa de gorila entra em cena, bate no peito e sai de cena. A sequência leva nove segundos no vídeo de um minuto de duração. Os espectadores recebem instruções específicas: "Quantas vezes as pessoas de branco passarão a bola?'". Claro que os pesquisadores não estavam interessados na capacidade que as pessoas têm de contar os passes. Eles queriam ver se os espectadores notariam algo que não estavam procurando, algo tão óbvio como um gorila. Surpreendentemente, metade do grupo de ensaio não viu o gorila. Como é possível? Como é que você não viu o gorila na cena? A resposta curta é *cegueira por desatenção*.

A cegueira por desatenção é a incapacidade de perceber algo em seu campo de visão, porque você está focado em outra coisa, neste caso, as pessoas de branco passando bolas de basquete. Mas os fariseus do século I fazem um estudo de caso ainda melhor. Eles estavam tão focados na lei do sábado que não viam os milagres acontecerem bem na frente de seus olhos. Jesus curou um paralítico que não andava por trinta e oito anos, deu vista a um cego de nascença e restaurou o mão mirrada de um homem. Mas os fariseus não viram o milagre e não viram o Messias, porque estavam cegos pelo legalismo. Eles não viam nada além de seus pressupostos religiosos.

A cegueira por desatenção pode ser tão intencional quanto *fechar os olhos para algo que você não quer ver*, como os fariseus fizeram. Pode ser tão intencional quanto *deixar de perceber as constantes de sua vida que você aceita como coisa natural ao longo do tempo*. Seja como for, é uma das maiores ameaças à vitalidade espiritual. Um dos mais verdadeiros testes de maturidade espiritual é ver o milagroso no monótono.

Milagres Monótonos

Thomas Carlyle, ensaísta escocês do século XIX, comparou-o a um homem que, tendo vivido a vida inteira em uma caverna, sai para presenciar o nascer do sol pela primeira vez. Carlyle formulou a hipótese de que o homem das cavernas veria com espanto extasiado a vista que vemos diariamente com indiferença. Nas palavras de G. K. Chesterton:

Os adultos não são fortes o suficiente para exultar na monotonia. [...] É possível que Deus todas as manhãs diga ao sol: "Vamos de novo"; e todas as noites à lua: "Vamos de novo". [...] A repetição na natureza pode não ser mera recorrência; pode ser um BIS teatral.[3]

Há alguns anos, um estudante de intercâmbio da Índia participava da Igreja da Comunidade Nacional. Quando os meteorologistas emitiram um aviso de tempestade de inverno para a região de Washington, ele pôs o relógio para despertar às três horas da madrugada para não perder sua primeira neve. Foi para fora de casa sozinho e fez anjos de neve com a neve recentemente caída. O rapaz quase teve uma ulceração provocada pelo frio, porque não estava usando casaco, chapéu ou luvas. Disse-me que não fazia ideia de que a neve fosse fria e úmida. A princípio, ri de tal pensamento. No entanto, quanto mais eu pensava no episódio, mais me sentia condenado. Eu ignorei totalmente algo que ele comemorou inteiramente.

Quando foi a última vez que você fez anjos com a neve recentemente caída? Viu o sol nascer como ato de adoração a Deus? Maravilhou-se com uma criança dormindo? Olhou fixamente para o céu estrelado? Apreciou o riso da pessoa amada?

Não há nada como experimentar algo pela primeira vez, quer seja a primeira neve ou o primeiro amanhecer. A primeira vez é inesquecível. Há uma qualidade milagrosa nas novas experiências que faz o tempo parar — uma pré-estreia do que será a eternidade.

Deus nos criou de tal maneira que somos hipersensíveis a novos estímulos, mas ao longo do tempo as cataratas do habitual turvam nossa visão. Perdemos a consciência do milagroso e, com ela, o temor de Deus.

Um 360 Celestial

Você pode sentir que está sentado parado agora, mas trata-se de uma ilusão de proporções milagrosas. O planeta Terra está girando em torno de seu eixo a uma velocidade de quase 1.700 quilômetros por hora. A cada 24 horas, o planeta Terra faz um 360 celestial. Estamos viajando pelo espaço a uma velocidade média de 108 mil quilômetros por hora. É não apenas mais rápido do que uma bala. É 87 vezes mais rápido do que a velocidade do som. Mesmo em um dia em que você sente que não fez muita coisa, não se esqueça de que você viajou a 2.574.617 quilômetros pelo espaço! Para arrematar, a Via Láctea está girando como um cata-vento galáctico no ritmo vertiginoso de 777.314 quilômetros por hora.[4]

Se isso não é milagroso, então não sei o que é.

Quando foi a última vez que você agradeceu a Deus por nos manter em órbita? Suponho que nunca! "Senhor, eu não tinha muita certeza de que a Terra faria a rotação completa hoje, mas tu fizeste de novo!". Não oramos assim. Essa é a ironia das ironias: nós já cremos em Deus pelos grandes milagres como coisas sem importância. O macete é crer nEle pelos pequenos milagres, como a cura de uma doença fatal, o encontro da pessoa certa, a abertura de uma porta que estava trancada ou o livramento de uma dívida impagável.

Comparado com manter os planetas em órbita, qual é o tamanho do seu maior sonho? Até que ponto é ruim o seu pior problema? Até que ponto é difícil a sua maior dificuldade?

Milagres Microscópicos

Você não precisa olhar por um telescópio para ver o miraculoso. Você pode vê-lo por um microscópio também. Trilhões de reações químicas estão ocorrendo em seu corpo a cada segundo de cada dia. Você está inalando oxigênio, metabolizando energia, gerenciando equilíbrio, produzindo hormônios, lutando contra antígenos, filtrando estímulos, recompondo tecidos, purificando toxinas, digerindo alimentos e circulando sangue. Durante todo o tempo, o cérebro está realizando até 10 quatrilhões de cálculos por segundo usando apenas dez watts de energia.[5] Um computador exigiria um gigawatt de energia produzido por uma usina nuclear para obter o mesmo desempenho.

O LADRÃO DE TÚMULOS

Conheço pessoas, e você também, que dizem que nunca viram um milagre. Nada poderia estar mais longe da verdade. Você nunca deixou de experimentar! Você não está apenas rodeado por milagres. Você é um milagre. Continue a olhar pelo microscópio. As coisas estão prestes a ficar ainda mais interessantes.

Se sua sequência pessoal do genoma fosse escrita à mão, seria um livro de 3 bilhões de palavras. A Bíblia King James em inglês tem 783.137 palavras. O seu código genético é o equivalente a cerca de 4 mil dessas bíblias. Se sua sequência pessoal do genoma estivesse em um audiolivro e você fosse lido à razão de uma estrutura helicoidal por segundo, levaria quase um século para colocar você em palavras!

O Salmo 139.13,14 diz:

Entreteceste-me no ventre de minha mãe. Eu te louvarei, porque de um modo terrível e tão maravilhoso fui formado.

Essas são algumas das palavras mais poéticas e proféticas da Bíblia. Podem ser uma das mais antigas também. Enquanto a maioria dos estudiosos atribui o Salmo 139 a Davi, uma tradição rabínica diz que remonta aos dias de Adão.[6] Se for verdade, estas são as palavras mais antigas e mais verdadeiras da história da humanidade.

Em cada momento de cada dia, experimentamos o milagroso em escala microscópica e macroscópica. Milagres estão acontecendo ao redor o tempo todo. Mas o maior milagre é o que você vê no espelho. Nunca houve e nunca haverá alguém como você. Claro que não é evidência de sua existência. É evidência do Deus que criou você.

Capítulo

3

OS MILAGRES PERDIDOS

A MAIOR BIBLIOTECA DO MUNDO fica a três quadras do meu escritório.

Fundada em 1800, a Biblioteca do Congresso estava originalmente instalada no edifício do Capitólio, até que os britânicos o queimaram totalmente durante a Guerra de 1812.[1] Seus 3 mil volumes ajudaram a propagar o fogo. Em 30 de janeiro de 1815, o congresso começou a reconstruir a biblioteca da nação ao aprovar a compra da maior coleção pessoal de livros nos Estados Unidos pertencentes a Thomas Jefferson, o terceiro presidente americano. Jefferson disse: "Eu não posso viver sem livros".[2] Mas ao que parece, ele estava disposto a separar-se de seus 6.487 livros pela quantia de 23.950 dólares.

Juntamente com sua coleção atual de 35 milhões de livros, a Biblioteca do Congresso é a guardiã de 13,6 milhões de fotografias, 6,5 milhões de partituras e 5,4 milhões de mapas. Seus 1.348 quilômetros de estantes, caso fossem colocadas lado a lado, se estenderiam de Washington a Granite City, em Illinois. Todos os dias em que está aberta, a biblioteca adiciona 11 mil novos itens às coleções. Alojado em seus cofre está um dos únicos três exemplares perfeitos da Bíblia de Gutenberg, *O Livro de Salmos da Baía*, o primeiro livro impresso em 1640 existente nos Estados Unidos, a "Certidão de Nascimento da América", o mapa-múndi de 1507 feito pelo cartógrafo Martin Waldseemüller, no qual o nome *América* aparece pela primeira vez, e a maior coleção do mundo de catálogos telefônicos históricos, onde é possível encontrar o endereço e número de telefone de cinco dígitos de tataravós americanos.

Um dos livros menos conhecidos da coleção de Jefferson, mas talvez o mais importante de todos, foi impresso em Genebra, Suíça, em 1555. Ele mudou radicalmente a forma como lemos a Bíblia. Robert Estienne, pintor e estudioso francês, teve a incrível ideia de adicionar números para criar os e versículos.* Da próxima vez que você citar o Salmo 23 ou Romanos 8.28 ou Efésios 3.20, você tem de agradecer à *Bíblia* de Robert Estienne. Ele também tornou possível a utilização de cartazes de "João 3.16" em eventos esportivos!

Ainda que seja nada mais que conjectura histórica, não posso deixar de imaginar se a tradução da Bíblia feita por Estienne é o que inspirou Thomas Jefferson a inventar sua própria versão intitulada *A Bíblia de Jefferson*. Mas em vez de adicionar números, Jefferson recorta versículos. Ele criou uma Bíblia resumida, removendo os milagres.

O Cepo

Thomas Jefferson tinha profunda apreciação pelos ensinamentos de Jesus, mas Jefferson também era filho do Iluminismo. Quando Jefferson era estudante de 16 anos de idade no primeiro ano na Faculdade de William e Mary, o professor William Small apresentou-o aos escritos dos empiristas britânicos. John Locke, Sir Francis

---

* **N. do E.:** De acordo com a obra A *General Introduction of the Bible: Revised and Expanded,* de Norman Geisler e Willian Nix, foi em 1551 que o impressor, pintor e estudioso francês Robert Estienne, também conhecido como Robert Stephanus, enumerou apenas os vercículos da Bíblia, tendo a impressão sido feita em 1555, já os capítulos foram agregados em 1227 por um professor da Universidades de Paris chamado Stephen Dangton [cf. Bruce Metzger e Michael Coogan, The Oxford Companion to the bible (New Iork: Oxford University Press, 1993), pg. 79].

Bacon e seus irmãos iluministas entronizaram a razão e tornaram a lógica senhor. Jefferson fez o mesmo.

Em fevereiro de 1804, Jefferson pôs a navalha para trabalhar. Recortou suas passagens favoritas da Bíblia e colou-as em colunas duplas em 46 folhas in-oitavo. Jefferson incluiu os ensinamentos de Jesus, porém excluiu os milagres. Apagou o nascimento virginal, a ressurreição e todo evento sobrenatural entre esses dois extremos. Nas palavras do historiador Edwin Gaustad: "Se uma lição de moral estava incorporada em um milagre, a lição sobrevivia na escritura 'jeffersoniana' mas o milagre não. Mesmo quando exigia corte cuidadoso com a tesoura".[3] A história do homem com a mão mirrada é exemplo clássico. Na Bíblia de Jefferson, Jesus ainda faz o comentário sobre o sábado, mas a mão do homem permanece sem ser curada. Quando Jefferson foi ao Evangelho de João, observa Gaustad, ele "manteve o estilete em ação".[4] A versão de Jefferson dos Evangelhos termina com a pedra em frente do túmulo. Jesus morreu na cruz, mas nunca ressuscitou.

Difícil de imaginar, não é? Usar a tesoura no texto sagrado das Escrituras. No entanto não fazemos a mesma coisa? Não ousamos usar um estilete, mas cortamos e colamos. Escolhemos nossos versículos favoritos enquanto ignoramos os textos que não entendemos ou particularmente não gostamos. Racionalizamos os versículos que são demasiadamente radicais. Extirpamos os versículos que são muito sobrenaturais. Colocamos a Escritura no cepo da lógica humana e acabamos com um evangelho imparcial. Cometemos idolatria intelectual, criando Deus à nossa imagem. Ao invés de viver uma vida que se assemelha ao padrão sobrenatural estabelecido na Bíblia, seguimos uma versão abreviada da Bíblia que parece em condições terríveis como nós.

A Declaração mais Audaciosa da Bíblia

Quando você subtrai os milagres como Thomas Jefferson fez, fica com um Jesus muito sábio, ainda que fraco. Receio que este é o Jesus que muitas pessoas seguem. Ele é amável e compassivo, mas falta-lhe o poder. Por isso, seguimos seus ensinamentos, mas nunca experimentamos seus milagres. Isso não apenas fica aquém do padrão que ele estabeleceu, mas também deixa escapar o sentido exato do essencial.

Uma das declarações mais ousadas da Bíblia encontra-se em João 14.12:

Na verdade, na verdade vos digo que aquele que crê em mim também fará as obras que eu faço e as fará maiores do que estas.

Maiores? Obras maiores? Seria heresia se não tivesse vindo dos lábios de Jesus. Este é um dos versículos que tendemos a racionalizar, então me deixe dizer exatamente o que significa. Se você seguir a Jesus, fará o que Ele fez. Você procurará agradar ao Pai Celestial em primeiro lugar. Você cuidará dos pobres, lavará os pés e escandalizará os fariseus ao longo do caminho. Você também caminhará em meio os milagres. E não será apenas como testemunha ocular. Será como um catalisador. Acredite em mim quando digo: *Você é o milagre de outra pessoa!*

Não se engane: *Só Deus pode realizar milagres*. Então, Deus recebe toda a glória. Mas como você verá nas páginas a seguir, quase todo milagre tem um elemento humano. Às vezes, você precisa entrar no rio Jordão, como os sacerdotes de Israel, antes de Deus separar as águas.[5] Às vezes, você precisa mergulhar no Jordão sete vezes, como Naamã.[6] Só Deus podia curar milagrosamente a lepra de Naamã, mas ele teria perdido o milagre se não tivesse se posicionado para recebê-lo por meio de obediência repetida. Há milagres que requerem apenas um único passo de fé, enquanto outros exigem múltiplas tentativas! Mas quer as águas deem pelos tornozelos ou pela cintura, você tem de entrar no rio Jordão. De vez em quando, você tem de fazer o natural antes de Deus fazer o sobrenatural.

O *playground* em que vivemos, o planeta Terra, foi projetado com limites naturais que marcam os limites exteriores da possibilidade humana. A velocidade da luz é a cerca, e as leis da natureza são os pilares. Alguns pilares são bem conhecidos, como a lei da gravidade ou as três leis do movimento de Newton. Outros são menos conhecidos, como o teorema de Bell. Ainda que esses pilares estejam constantemente sendo reposicionados pela investigação científica, eles estabelecem uma fronteira entre o que é possível e o que é impossível. É a cerca invisível e intransponível entre o natural e o sobrenatural, e nenhum ser humano pode cavar sob ela, subir sobre ela ou contorná-la. Mas Deus colocou um portão na cerca. Seu nome é Jesus.

Se você seguir Jesus por tempo e distância suficientes, você transpassará o impossível. Você transformará a água em vinho, multiplicará pães e peixes para alimentar 5 mil pessoas e andará sobre as águas. Não estou sugerindo que você vá a um lago, rio ou piscina para ver quantos passos você pode dar sobre as águas. Deus manifestará seu poder de maneira muito diferente para você do que manifestou para os primeiros discípulos. Mas se você crê no que Jesus disse então você fará o que Jesus fez. Os milagres que você experimentará serão maiores do que os milagres que Jesus realizou, tanto em termos de quantidade quanto de qualidade. Os milagres que você encontrará nas páginas que se seguem fundamentam essa afirmação.

Cabos de Tração

Antes de desvendar os sete sinais, deixe-me identificar dois cabos de tração que nos impedem de entrar no milagroso. O primeiro é o ceticismo subliminar.

Milagres, por definição, são uma violação das leis da natureza. Como advogados bem treinados, instintivamente nos opomos a toda violação desse tipo. Por quê? Porque os milagres não são lógicos. Nossa tendência natural é explicar o que não podemos explicar.

Se você já passou pelos canais religiosos da televisão, já deve ter visto um ou dois falsos profetas. Os falsos mestres fazem promessas que a Bíblia não apoia. Talvez você até já tenha testemunhado alguém falsificar um milagre. Se você já foi enganado, o ceticismo permanece como uma febre baixa crônica. Mas os milagres falsificados não negam os milagres genuínos. Na verdade, as falsificações sugerem os verdadeiros. Lembre-se, Satanás transforma-se em anjo de luz. Deixe-me perguntar: Será que a existência dos falsos anjos, conhecidos como anjos caídos, nega a existência dos anjos verdadeiros? Eu diria que não. E diria o mesmo acerca de falsos milagres.

Há uma linha tênue entre discernimento e ceticismo. Discernimento é filtrar o que é falso do que é verdadeiro com a ajuda da Sagrada Escritura e do Espírito Santo. Ceticismo é a predisposição à descrença que é afetada pela experiência do passado. Ao descartarem tudo, os céticos rejeitam algo valioso só porque não conseguem filtrar o que é falso. A Bíblia é o nosso filtro. Se algo não passa no teste do filtro, jogamos fora. Mas não deixe que a existência do que é falso impeça você de crer no que é verdadeiro. A verdade é esta: Deus pode fazer hoje o que Ele fez outrora. Se você cortar os milagres, você corta o cristianismo na altura dos joelhos.

O segundo cabo de tração é a decepção dormente.

Talvez você já tenha orado por um milagre, mas sente que Deus não ouviu uma palavra do que você tinha a dizer. Não sei explicar por que algumas orações não são respondidas ou por que alguns milagres não acontecem do jeito que queremos. Contudo, é um erro permitir que uma decepção o faça desistir de um milagre. A decepção é uma reação instintiva. Puxamos as rédeas da fé porque não queremos sentir a picada da decepção outra vez.

É algo tão sutil, mas ainda assim tão significativo. Deixe-me pintar um quadro.

Em 1911, um psicólogo suíço chamado Édouard Claparède estava tratando de uma paciente de 47 anos de idade que não tinha memória de curto prazo. No início de cada sessão, habitualmente, apertavam-se as mãos. Certo dia, Claparède decidiu realizar uma pequena experiência. Quando a paciente estendeu a mão, ele tinha um alfinete escondido na mão, com o qual a alfinetou. Rapidamente ela retirou a mão queixando-se de dor. Poucos minutos depois, já não se lembrava da alfinetada. Mas a partir daquele dia, ela não apertou mais a mão de Claparède. Mesmo não sabendo o porquê, ela sentia que não podia confiar nele. O resíduo da dor a impedia de estender a mão.[7]

Pense na decepção como uma alfinetada. Dói. Quando, experimentamos uma decepção da variedade da fé, muitos de nós paramos de estender a mão para Deus. Recuamos. Não sabemos dizer por que não confiamos totalmente em Deus, mas nossa decepção dormente nos impede de estender a mão com fé.

Não acho que você precise se deitar no divã de um conselheiro para identificar a gênese de toda dúvida e decepção. Mas se você quer experimentar o milagroso, você tem de enfrentar as decepções latentes do passado.

Está lembrado do homem que disse a Jesus: "Eu creio, Senhor! Ajuda a minha incredulidade"?[8]

Isso diz respeito a todos nós, não é mesmo?

Experimentamos um cabo-de-guerra interior entre a crença e a descrença. Minha esperança é que este livro puxe você para o milagroso. É exatamente por isso que João escreve no seu Evangelho de milagres:

Estes, porém, foram escritos para que creiais que Jesus é o Cristo, o Filho de Deus, e para que, crendo, tenhais vida em seu nome.[9]

Os Sete Sinais

O único maior milagre é o perdão de pecados tornado possível pela crucificação e ressurreição do inocente Filho de Deus. Não há milagre que chegue perto. Este milagre está disponível a qualquer um, a qualquer hora. É o único milagre que *temos* de experimentar, se quisermos passar a eternidade com o Pai celestial. Mas o milagre da salvação não é a linha de chegada. É a linha de partida.

Em João 2, as moléculas de água reconheceram a voz daquEle que as chamou à existência. Como cada átomo do universo, elas submetem-se à sua autoridade suprema. Em João 4, Jesus cura à longa distância o filho de um oficial do rei, revelando seu senhorio sobre a latitude e a longitude. Depois, em João 5, Ele revela seu domínio sobre a cronologia, revertendo 38 anos de dor e sofrimento com uma ordem. Em João 6, Jesus introduz uma nova equação milagrosa: 5 + 2 = 5.000 = R12 (12 cestos de resto). Seu bis está dançando sobre as ondas do mar da Galileia. Em João 9, há mais para o milagre do que aparenta. Jesus não apenas curou os olhos de um cego; Ele transformou o cérebro de um cego em "circuitos permanentes", criando um caminho sináptico entre o nervo óptico e o córtex visual. Exatamente quando você pensa que já viu tudo, o Ladrão de Túmulos transforma um túmulo em sala de espera. Em João 11, Jesus chama Lázaro para sair do túmulo quatro dias após a sua morte.

Como Oliver Wendell Holmes disse: "Quando a mente é ampliada por uma nova ideia, jamais retorna às dimensões originais".[10] Nossa exploração dos sete milagres no Evangelho de João ampliarão sua mente, mas oro para que também amplie sua fé. Essa era a intenção original de João. Os milagres de Jesus são mais do que *fatos* da história. Cada milagre é um microcosmo. Eles não revelam apenas o que Jesus *fez*, pretérito. Revelam o que Ele *quer fazer* em sua vida, presente. O que Jesus fez antes, quer fazer de novo. Se fizermos o que os discípulos fizeram na Bíblia, Deus operará os mesmos milagres.

Transformar água em vinho foi épico, mas foi apenas o começo. Cada um dos sete milagres no Evangelho de João é mais surpreendente do que o anterior. Cada um revela um pouco mais de poder, um pouco mais de glória. O Ladrão de Túmulos mostra e esconde seu poder que desafia a morte. Mas é apenas o começo. O sétimo milagre *não* é o epílogo. É o prólogo dos milagres que Jesus quer realizar em sua vida. Quando você experimenta um milagre, a maneira de administrá-lo é crer em Deus para experimentar milagres maiores e melhores.

Que comecem os milagres.

O PRIMEIRO SINAL

E, ao terceiro dia, fizeram-se umas bodas em Caná da Galileia; e estava ali a mãe de Jesus. E foram também convidados Jesus e os seus discípulos para as bodas. E, faltando o vinho, a mãe de Jesus lhe disse: Não têm vinho. Disse-lhe Jesus: Mulher, que tenho eu contigo? Ainda não é chegada a minha hora. Sua mãe disse aos empregados: Fazei tudo quanto ele vos disser. E estavam ali postas seis talhas de pedra, para as purificações dos judeus, e em cada uma cabiam duas ou três metretas. Disse-lhes Jesus: Enchei de água essas talhas. E encheram-nas até em cima. E disse-lhes: Tirai agora e levai ao mestre-sala. E levaram. E, logo que o mestre-sala provou a água feita vinho (não sabendo de onde viera, se bem que o sabiam os empregados que tinham tirado a água), chamou o mestre-sala ao esposo. E disse-lhe: Todo homem põe primeiro o vinho bom e, quando já têm bebido bem, então, o inferior; mas tu guardaste até agora o bom vinho.

— João 2.1-10

Capítulo 4

O FABRICANTE DE VINHO

Ao terceiro dia, fizeram-se umas bodas em Caná da Galileia.
— João 2.1

HÁ DIAS.
Há dias que definem o resto da vida.
Há dias que seguem um caminho previsível, como o corredor central de uma igreja no dia do casamento. Há dias que são tão imprevisíveis como um encontro às cegas. Seja como for, você não é a mesma pessoa de um minuto atrás. Em uma fração de segundo, a vida é dividida em a.C. e d.C. A ponte para o passado é destruída para sempre, e o futuro chega apressado como uma inundação repentina e violenta.
É um novo dia.
É um novo normal.
É o primeiro dia do resto da vida.
Foi assim aquele dia para Jesus. Por quase 30 anos, Jesus trabalhara na carpintaria de seu pai. Até onde vai sua lembrança, as pessoas o chamavam de carpinteiro. Mas no terceiro dia de uma festa de casamento de uma semana, este marceneiro tornou-se o Fabricante de Vinho.

Flashback

Trinta e quatro milagres estão registrados nos Evangelhos. Este *Curriculum Vitae* exclui os três mais proeminentes: a concepção, a ressurreição e a ascensão de Jesus. O próprio João observa no último versículo do seu Evangelho que inúmeros outros milagres não estão nas Escrituras. Mas João escolhe sete destaques milagrosos, quatro dos quais se encontram somente no Evangelho que leva seu nome. Cada um desses sete sinais revela uma nova dimensão do poder de Deus, da personalidade de Deus. Cada um é mais surpreendente do que o anterior. Mas antes de avançarmos, temos de retroceder 18 anos até chegar a um momento determinante que aconteceu quando Jesus tinha apenas 12 anos de idade.

O Evangelho de Lucas nos dá nosso único vislumbre do menino portento, uma foto solitária no álbum da família desde o nascimento até os 30 anos. Porém, essa espiada em sua personalidade é como um *trailer* espetacular que prevê seu futuro.

Nossas memórias mais fortes vêm dos momentos incomuns que ocorrem nas tradições familiares. Quando esses opostos se cruzam, é inesquecível. Para Jesus, o momento incomum aconteceu durante a peregrinação de 100 quilômetros que a família fez de Nazaré a Jerusalém para a festa da Páscoa.

Essas jornadas anuais resultavam em inúmeras lembranças de infância, mas um momento tornou-se história em seu folclore familiar. Mesmo quando já eram adultos, seus irmãos provocavam Jesus impiedosamente sobre o dia que Ele perdeu o ônibus de volta para Nazaré. Ririam disso pelo resto da vida, mas não foi engraçado quando aconteceu. O medo tomou conta da mente de José e Maria quando seu filho de 12 anos de idade ficou desaparecido por três dias! Quando o localizaram, Jesus estava sentado no pátio do Templo, ensinando as mentes mais brilhantes no antigo Israel.

E todos os que o ouviam admiravam a sua inteligência.[1]

O Fabricante de Vinho

Ele causou impressão tão profunda que, sem dúvida, alguns desses mesmos líderes religiosos reconheceram Jesus duas décadas mais tarde, apesar da barba e mudança de voz. Outros conspirariam contra sua vida, ameaçada pela proeza espiritual do menino prodígio tornar-se fazedor de milagres.

Para os que o conhecem como o Filho de Deus, pode ser difícil pensar em Jesus em termos humanos. Mas para apreciar sua divindade, você não pode depreciar sua humanidade. Jesus teve de ser ensinado a usar o banheiro como todo bebê antes dEle. Teve de aprender a ler, escrever e fazer cálculos matemáticos como o resto de nós. Jesus teve de aprender os nomes das constelações que Ele criou e as leis da natureza que Ele engendrou. Assim como nós, Jesus teve de descobrir seu destino através de um relacionamento com o Pai celestial.

A Bíblia não diz como ou quando ou onde Jesus percebeu que tinha o poder de realizar milagres, mas estou certo de que não foi em uma festa de casamento em Caná. Não quero ler nada na Bíblia que lá não esteja, mas não ficaria surpreso se Jesus praticasse alguns milagres antes que se tornassem evidentes. Ele pode ter curado alguns amigos de infância quando ninguém estava olhando, talhado peças de madeira com nada mais do que a mente ou transformado água em qualquer outra substância antes de transformá-la em vinho.

Desde tenra idade, Jesus sabia do que era capaz. Maria também. É por isso que seus poderes milagrosos classificam-se como um dos segredos mais bem guardados na história da humanidade. Não era tão fácil como colocar os óculos à semelhança de Clark Kent ou usar uma máscara como Bruce Wayne. Mas de alguma forma, Jesus conseguiu disfarçar-se de carpinteiro comum até o casamento em Caná. E o Oscar vai para Jesus!

O quanto seria difícil guardar seu poder por 30 anos? Conter-se quando os céticos zombavam ou os valentões provocavam? Ficar na cruz, quando legiões de anjos estavam prontos a agir sob suas ordens?

Entretanto, Jesus reteve a mão. Esse pode ser o maior milagre de todos. Seu poder de realizar milagres é impressionante, mas a força de vontade de não fazer o que Ele podia fazer é ainda mais impressionante.

O mesmo ocorre conosco. Às vezes, o maior milagre é a moderação: segurar a língua, ou resistir à tentação, ou manter o temperamento sob controle. Jesus estabeleceu o padrão perante um simulacro de tribunal de falsos acusadores. Em vez de amaldiçoar seus executores, Ele disse: "Pai, perdoa-lhes, porque não sabem o que fazem".[2]

Foi o amor que levou Jesus à cruz. Foi a força de vontade que o manteve pregado lá.

Enredo da História

Meu amigo Donald Miller é escritor prolífico. *Blue Like Jazz* [Blue como Jazz], seu *best-seller* na lista do New York Times, tem respirado ares editoriais raros, vendendo mais de um milhão e meio de livros. Para registro, meu livro favorito entre sua coleção de escritos é Um Milhão de Quilômetros em Mil Anos. O desdobramento desse livro é a empresa que Don fundou chamada Storyline. O propósito da empresa é a paixão de Donald: ajudar as pessoas a contar histórias melhores com suas vidas.

Don recentemente falou na Igreja da Comunidade Nacional e partilhou um momento decisivo no enredo de sua história. Na adolescência, ele era um tanto quanto desajustado. Na verdade, sua autoavaliação é muito mais contundente: "Eu não era bom em nada". Então, Don foi convidado a escrever um pequeno artigo para o boletim do grupo de jovens do ensino médio. Foi quando um elogio inesperado reescreveu o enredo de sua história. Alguém disse: "Don, você é bom escritor". Foi a primeira vez que alguém disse que Don era bom em algo.

"Há sempre um momento no tempo", observou o dramaturgo inglês Graham Greene, "em que uma porta se abre e deixa entrar o futuro."[3]

Para mim, a porta se abriu durante uma aula de dissertação em meu segundo ano na escola de ensino médio. Dei o que equivalia a um sermão de salvação como meu trabalho de conclusão. Não acho que alguém entre os meus colegas de classe se converteu, mas o discurso tornou-se um incidente incitativo no enredo de minha história. Sem que eu soubesse, minha mãe deu uma cópia do discurso para minha avó, que deu uma cópia para seu professor de estudos bíblicos. O professor de estudos bíblicos fez comentários muito mais elogiosos do que meu professor de dissertação! Então, ele perguntou para a minha avó: "Será que Mark já pensou em entrar para o ministério?". Nesse ponto do meu enredo, a resposta era não. Isso não estava no meu roteiro original. Eu não dera ao ministério maiores considerações até que esse elogio foi retransmitido de minha avó para minha mãe e de minha mãe para mim.

Nunca subestime o poder de um elogio oportuno. Tem o poder de mudar a perspectiva que a pessoa tenha da vida. Tem o potencial de mudar o enredo da história da pessoa em relação à eternidade. A palavra certa dita no momento certo pode ser a catalisadora para o milagre de outra pessoa.

O Jesus de doze anos de idade ouvia o que diziam a seu respeito. Assim como sua mãe, Ele guardava essas palavras em seu coração.[4] Nas longas tardes na oficina de carpinteiro, Jesus teve *flashbacks* do dia em que a porta se abriu e deixou entrar o futuro. Suspeito que Ele sonhava acordado mais do que uns poucos milagres também.

Pistas

Se você olhar para trás em sua história, descobrirá que o destino deixa pistas.

Arquitetos construíram cidades com Lego. Escoteiras venderam biscoitos Thin Mint Girls Scouto o suficiente para alimentar o país de Liechtenstein. Empresários monopolizaram o mercado de estandes de limonada em suas ruas sem saída. Artistas possuíram os Eurythmics no jogo de computador Guitar Hero. Professoras montaram quadros-negros improvisados e deram aula para seus bichos de pelúcia.

Joel Buckner é cantor e compositor talentoso e um dos nossos líderes de louvor incrivelmente ungidos na Igreja da Comunidade Nacional. Recentemente, contou sua história para nossa família durante um jantar. Semelhante a Jesus, a porta se abriu para Joel quando ele tinha 12 anos. Na sua igreja, ele cantou "In Christ Alone", de Michael English, e fez sua mãe chorar. Tenho certeza de que o Pai celestial também derramou uma lágrima de alegria! Nada deixa Deus mais feliz do que quando usamos os dons que Ele nos deu para glorificá-lo.

Só posso imaginar o sorriso no rosto do Pai celestial, quando Jesus transformou água em vinho. Assim como ver seu filho fazer o primeiro gol ou sua filha receber a primeira ovação em um recital, o primeiro milagre resultou em puro orgulho de Pai. Imagino o Pai voltar-se para o anjo mais próximo e dizer: "Esse é o meu Garoto!".

Quando você se fixa no pecado e não no perdão é fácil esquecer o fato de que você é a menina dos olhos de Deus. Pensamos equivocadamente que temos menos importância do que os lírios do vale ou as aves do céu, mas na taxonomia de Deus somos apenas um pouco menor que os anjos![5] Não é preciso um milagre para deixar nosso Pai celestial orgulhoso. Tudo o que precisamos fazer é algo tão simples como honrar a mãe terrena.

Guarde esse pensamento para mais tarde.

Salvando as Aparências

A porta para o futuro se abriu quando Jesus tinha seus 12 anos, mas Ele manteve-se escondido do público por 18 anos. Então, a porta se reabriu quando o vinho acabou. Não sei se o cerimonialista de casamentos comprou pouco ou se os convidados beberam muito, mas tenho certeza de que um miniestresse ocorreu quando a noiva e o noivo descobriram. Ficar sem vinho parece um problema menor no contexto mais geral, mas na Palestina do século I teria resultado em vergonha pública. Além disso, o dia do casamento é o dia que você quer que tudo seja perfeito. Deve ter havido o primeiro desentendimento conjugal. Está ouvindo os sons abafados na cabeceira

da mesa? *Tudo o que eu pedi era que você fizesse um estoque de bebidas! Você sabia quantas pessoas estavam na lista de convidados. Como você pode ser tão econômico no dia do nosso casamento?*
Entra Jesus.

Gosto do fato de que o primeiro milagre de Jesus não diz respeito a salvar vidas. Diz respeito a salvar as aparências! Mostra o quanto Deus se preocupa com os detalhes minuciosos de nossa vida. Deus é grande não só porque nada é grande demais. Deus é grande, porque nada é pequeno demais. Se é importante para você, é importante para Deus.

Anos atrás, tive o privilégio de falar na Igreja de Highlands em Birmingham, Alabama. Enquanto lá estava, visitei o Centro dos Sonhos no centro de Birmingham para obter ideias para o nosso Centro dos Sonhos em Washington. Eles têm um ministério incrível voltado para as prostitutas, assim como Jesus tinha. As prostitutas sabem para onde ir quando estão com problemas. Ouvi uma história incrível sobre uma delas.

Certa manhã, quando a diretora do Centro dos Sonhos estava saindo de sua casa para ir trabalhar, ela sentiu que deveria voltar e pegar meias de lã. Era tão estranho que imaginou que só podia ser Deus. Então, enfiou um par de meias de lã na bolsa e dirigiu-se ao Centro dos Sonhos. Quando chegou, encontrou uma prostituta desmaiada nas escadarias da frente. Levou a mulher para dentro e ligou para 911. Enquanto segurava a prostituta nos braços, ela recuperou a consciência lentamente. Foi quando perguntou à prostituta:

— Se eu pudesse dar algo para você, o que seria?

Sem hesitar, a mulher, tremendo, disse:

— Meias de lã.

Então, quais são as chances de isso acontecer? Foi quando ela apanhou a bolsa e tirou um par de meias de lã. A mulher sorriu e disse:

— Combinam com minha roupa.

Por que milagres assim não acontecem com mais frequência? Por uma razão simples: não estamos sintonizados com a voz mansa e delicada do Espírito Santo. O Espírito Santo é o diapasão, mas temos de aprender a ouvir e obedecer a esses sussurros inspirados. Se assim fizermos, estaremos no meio de milagres o tempo todo!

Meu amigo e mentor Dick Foth prega por quase 50 anos, mas algo novo aconteceu com ele recentemente. Bem no meio da mensagem, Dick sentiu em seu espírito que alguém na congregação estava à beira de ter um caso. Isso aconteceu de maneira inesperada, e o que Dick fez não lhe era característico. Parou de pregar e disse:

— Há alguém aqui que decidiu ter um caso. As peças estão no lugar, e você pensou em tomar a decisão hoje. Não faça isso.

Então, Dick retomou o sermão exatamente do ponto onde parou. Após o culto, um homem de meia-idade deu um abraço apertado em Dick. Enquanto estavam abraçados, ele sussurrou ao ouvido de Dick:

— Era eu! Obrigado.

Se Dick tivesse continuado a pregar e ignorado o alerta, ele teria perdido o milagre. Mas quando você obedece a esses sussurros, pouco importando se são prematuros ou impróprios, você está a momentos de um milagre. O pequeno ato de obediência de Dick transformou-se em um momento milagroso que muito possivelmente alterou uma árvore genealógica para as gerações vindouras.

Profetas Disfarçados

Não consigo imaginar Dick Foth apresentando-se assim: "Olá, me chamo Dick. Sou profeta". A maioria de nós nos afastamos assustados ou fugimos de vez de pessoas que se identificam dessa forma. Mas quando Dick pronunciou esta frase de conhecimento no meio da mensagem, ele pode muito bem ter vestido o manto de Elias. Erramos quando dizemos que os profetas emitem oráculos idiossincráticos que preveem o futuro, pois essa não é a definição ou descrição bíblica. Em termos do Novo Testamento, profeta é aquele que fala palavras de edificação, exortação e consolação conforme é inspirado pelo Espírito Santo.[6]

Quando comecei a pastorear a Igreja da Comunidade Nacional com 26 anos de idade, Dick e Ruth Foth eram parte do nosso grupo original de 19 pessoas. Como pastor experiente, Dick amparou-me. Ele me tem sido mais do que amigo e mentor. Suas palavras de sabedoria são oportunas e duplicaram-se como palavras proféticas em momentos críticos de minha vida. Na verdade, elas têm causado tão profundo impacto em minha vida que convenci Dick a escrever em coautoria um livro de memórias intitulado *A Trip around the Sun* [Uma Viagem ao Redor do Sol].

Os filósofos judeus não acreditavam que o dom profético fosse reservado para uns poucos indivíduos seletos. Tornar-se profético era visto como o ponto culminante do desenvolvimento mental e espiritual — quanto mais você cresce espiritualmente, mais profético torna-se. É tão simples como ver e aproveitar as oportunidades ordenadas por Deus para fazer a diferença na vida de alguém. As palavras certas ditas na hora certa podem ecoar por toda a eternidade.

O líder da juventude que viu o escrito potencial de Donald Miller e falou para sua vida era profeta. Assim era o professor de estudos bíblicos que viu meu potencial de pregação. E você também.

Você é mais do que sua identidade profissional — mais do que médico, mais do que treinador, mais do que assistente administrativo. Você é um profeta disfarçado, estrategicamente posicionado por Deus para falar da Graça e da Verdade. Quando você fala, o terreno fica preparado para que os milagres aconteçam. Só resta dar uma palavra de consolação.

Deixe-me levá-lo para mais perto de sua casa.

Se você tem filhos, você é mais que pai ou mãe. Você é profeta para os seus filhos. Ninguém os conhece, os ama ou acredita neles como você. É seu trabalho evocar quem Deus os criou para ser. Foi precisamente o que Maria fez no terceiro dia de uma festa de casamento. Com três palavras, Maria desafiou Jesus a seguir seu destino, seguir sua identidade:

Não têm vinho.[7]*

---

* **N. do E.:** Ou então "Eles não têm mais vinho", de acordo coma Almeida Revista e Atualizada (ARA).

O LADRÃO DE TÚMULOS

O vinho ter acabado em Caná não foi obra do acaso. Foi designação divina. Como a maioria das oportunidades milagrosas veio disfarçada de problema. Maria, porém, viu o que realmente era: o encontro de Jesus com o destino.

Capítulo

5

SEIS TALHAS DE PEDRA

Eles não têm mais vinho.
— João 2.3 (ARA)

Á GUA. Duas partes de hidrogênio. Uma parte de oxigênio. É o composto químico mais básico na terra. É também o mais vital. Cobre 71% do planeta. Compõe 65% do corpo humano.[1]

Uma pessoa bem hidratada com grandes habilidades de sobrevivência permanece viva por até 12 dias sem água, mas nem todo mundo é Bear Grylls*. A maioria de nós não suportaria mais do que dois ou três dias. Entretanto, por passar por canos e sair por meia dúzia de torneiras em nossa casa do primeiro mundo, consideramos a água como coisa natural. Podemos até determinar a temperatura ou comprar um chuveiro de luxo para maximizar a pressão da água. Claro que a realidade trágica é que, a cada 21 segundos, uma criança morre de uma doença causada por água imprópria para beber.[2]

Quando foi a última vez que você agradeceu a Deus pela boa e velha água?

---

* **N. do E.:** Bear Grylls é um irlandês que ganhou notoriedade mundial por apresentar o programa *À Prova de Tudo*, no qual a sua vida foi colocada em risco em diversas situações.

Para mim, foi na trilha de North Kaibaba, cerca de 3 quilômetros de Phantom Ranch, no fundo do Grand Canyon. Tínhamos acabado de ficar sem água, e fazia 45°C à sombra! Logo descobri que a desidratação é física e mentalmente debilitante. Quando chegamos a um ponto de abastecimento de água, saboreei cada gole. Nunca imaginei que algo sem gosto tivesse um sabor tão bom! Pela primeira vez na vida, vi a água pelo que ela realmente é: um milagre. Mas esse é o padrão, não é?

Não apreciamos os milagres que Deus constantemente faz dia após dia. Perdoe-me por me expressar desta maneira, mas o nosso problema com Deus é que Ele é tão bom no que faz que aceitamos como fato natural! O que Deus faz de melhor, como manter nosso planeta em órbita, não apreciamos tanto. Mas se aprendêssemos a reconhecer os milagres que momento a momento ocorrem ao nosso redor o tempo todo, viveríamos maravilhados a cada segundo de cada minuto de cada dia. Teríamos também invadido o código da alegria. Alegria não é receber o que você quer. É apreciar o que você tem. E começa com o básico, como a água.

A água não tem valor calórico, mas é vital para o metabolismo. É insípida, mas nada tem gosto melhor em um dia quente de verão. A água é o solvente universal. É fundamental para a fotossíntese. Apaga o fogo. E no que mais poderíamos nadar?

Como sua cor transparente sugere, a água é o milagre mais transparente de todos. É esquecida e subestimada pela maioria de nós a maior parte do tempo. Mas o primeiro milagre não é transformar água em vinho. É a própria água. Comecemos por aí.

Grau de Dificuldade

Os sete milagres no Evangelho de João revelam a gama do poder de Deus. Do ponto de vista humano, parecem ir do fácil para o difícil. Talvez eu devesse dizer, do impossível para o "impossivão". Não, a última palavra não conta no dicionário. Transformar água em vinho é mais do que um truque de mágica da série B, mas não é tão difícil quanto ressuscitar um cadáver em decomposição há quatro dias! Os milagres ficam progressivamente mais difíceis, mas lembre-se de que, para o Infinito, todos os finitos são iguais. Não existe fácil ou difícil, grande ou pequeno, possível ou impossível. Para o Deus Onipotente não há graus de dificuldade.

Tudo é possível. Nada é impossível.

Quando preciso de um milagre, tenho a tendência a orar mais alto e por mais tempo. Por vezes, oro usando o linguajar do inglês de fins do século XVI como um dramaturgo shakespeariano. Ou uso algumas palavras gregas que aprendi no seminário. Mas Deus não se impressiona com nossas palavras teológicas e cadência oratória. Ele ouve nosso coração mais do que nossas palavras. Ele responde à fé, não ao vocabulário.

O que Maria *não fez* no casamento em Caná pode ser tão significativo quanto o que ela *fez*. Ela não disse para Jesus o que fazer ou como fazer. Ela identificou o problema e fez com que Ele se envolvesse: Eles não têm vinho. (ARA).[3] Maria disse muito falando tão pouco.

A confiança não é medida pela contagem de palavras. Quanto mais confiança você tiver, menos palavras você precisa. Os milagres não dependem de sua capacidade de expressar com clareza a solução para Deus. Não há abracadabra. Você não precisa saber o que dizer. Você só precisa saber para onde se voltar, como fez Maria. Se você se voltar para Jesus, Ele pode corrigir sua situação que está de cabeça para baixo e do avesso. Claro que você não precisa esperar até precisar de um milagre. Se você buscá-lo em primeiro lugar, Ele não será o seu último recurso.

Uma Ideia de Deus

Não sei a disposição dos lugares no casamento em Caná, mas Maria foi direto para Jesus. Foi o que Steve Stewart fez quando encontrou um problema que sua mente de engenharia não conseguia resolver. Apesar da experiência zero no campo da hidrodinâmica,

Steve foi convidado pela fundação Water4 a projetar uma bomba de água que trabalhasse em qualquer lugar do mundo por menos de 50 dólares. Nas palavras do próprio Steve:
— Eu não sabia que não era possível.
É quando você está a meio caminho para o milagre!
Dez semanas mais tarde, depois de 18 horas por dia, trabalhando sete dias por semana, Steve estava ficando sem ideias. Então, esbarrou em um esboço que Leonardo da Vinci fez de uma bomba de água em um livro que ele comprara dez anos antes, quando passava férias em Roma. Esse esboço de 500 anos inspirou uma ideia que ocasionou um avanço revolucionário no projeto. O que torna essa descoberta milagrosa é a relativa obscuridade desse esboço em particular. Não era a Mona Lisa ou o Homem Vitruviano de da Vinci. Na verdade, apesar de extensa pesquisa, Steve não conseguiu encontrar esse esboço em outros livros ou revistas. Contudo, estava na sua estante há uma década! Deus preparou tudo para esse milagre dez anos antes de Steve saber que iria precisar.[4]

O projeto original de da Vinci exigia um grande fole e peles de animais. Steve substituiu por tubo de PVC, um produto comum, mesmo nos países em desenvolvimento. O projeto de da Vinci não levava em conta a pressão atmosférica, tornando impossível bombear abaixo de 9 metros. O projeto de Steve pode bombear até 100 metros. O custo por bomba? Só 17,84 dólares. O Access 1.2, que recebeu esse nome por causa do 1,2 bilhão de pessoas que não têm acesso à água potável, foi testado até 3,2 milhões de bombeamentos sem falha.[5]

A bomba de água de Steve é mais do que uma boa ideia. É uma ideia de Deus. Claro que algumas ideias de Deus envolvem 1.260 horas de pesquisa e um livro aleatório. Mas uma ideia de Deus vale mais do que mil boas ideias. Boas ideias são boas, mas as ideias de Deus mudam o curso da história. Steve fez exatamente isso. Em certo sentido, Steve transformou água em água — água limpa. Essa ideia de Deus tem se traduzido em um milagre para milhões de pessoas.

Você é uma ideia de Deus para mudar a história.
A chave para esse tipo de milagre é a unção. É um mistério intangível que é difícil definir, mas a unção nos habilita sobrenaturalmente a funcionar acima de nossa capacidade. A unção são ideias engenhosas que não se originaram de nosso córtex cerebral. É tempo providencial que resulta em sincronicidades sobrenaturais. É favor divino que desafia a explicação humana. O resultado é que nos tornamos melhor do que o nosso melhor.

Perto do fim da vida, o apóstolo João mencionou essa unção abrangente em sua primeira epístola.

A sua unção vos ensina todas as coisas.[6]

Não importa o que você faz, Deus quer ungi-lo para fazer o que você faz. A unção não é apenas para pregadores. É para políticos, cirurgiões, humoristas, empresários, professores, advogados e artistas. É para inventores que não têm experiência em hidrodinâmica. É para marceneiros que viraram fabricantes de vinho. Sem ela, você nunca transformará água em vinho. Com ela, você pode salvar 1 milhão de pessoas ou doar 1 milhão de dólares. É o fator x em qualquer empreendimento.

Em recente viagem à Etiópia, conheci líderes visionários que fazem parte da igreja que ajudamos a plantar em Adis Abeba em 2005: a Igreja Internacional Beza. Um grupo de líderes dessa igreja está mudando a face do país africano caindo em rosto diante de Deus. Conheci uma mulher que desempenha papel fundamental na União Africana, um médico que está construindo um hospital em uma região rural da Etiópia, onde a assistência médica é muito primitiva, e um desenvolvedor imobiliário que está projetando na África Oriental um campo de golfe de primeira qualidade segundo as normas da Associação de Golfistas Profissionais dos Estados Unidos. O que descobri durante minha visita é que esses líderes visionários têm uma coisa em comum: todos passam um dia por semana em oração e jejum. Em vez de

irem para seus respectivos escritórios, permanecem em seus respectivos quartos de oração.
Como você recebe a unção de Deus?
Você pede por ela.
Deus quer dar seus dons mais do que você deseja recebê-los. Mas você tem de orar pelo seu plano de negócios, ou plano de estratégia, ou plano de *marketing*. Você pode até jejuar antes das apresentações, antes das eleições e antes das reuniões. Você não pode simplesmente buscar a unção. Você tem de buscar a Deus. Você tem de embrenhar-se na Palavra de Deus e na presença de Deus. Quanto mais perto você chegar de Deus, mais perto você chegará da unção.

Seis Talhas de Pedra

Em 1934, Ole Kirk Christiansen era um carpinteiro dinamarquês que virou fabricante de brinquedos. A empresa que ele criou chama-se LEGO, uma palavra inventada de duas palavras em dinamarquês que significa "brincar bem". Seu lema? *Só o melhor é o melhor.* Não é um mau resumo do milagre de Caná. O mestre de cerimônias colocou nestes termos para o noivo:

Todo homem põe primeiro o vinho bom e, quando já têm bebido bem, então, o inferior; mas tu guardaste até agora o bom vinho.[7]

Gostaria de ter visto o sorriso tímido no rosto do noivo. Jesus não apenas o ajudou a salvar as aparências. Ajudou-o a causar a melhor impressão. Jesus não apenas salvou o dia. Ele ganhou o dia. É o que Jesus faz de melhor. Ele pode transformar os piores dias nos melhores dias! Ele sempre guarda o melhor para o final.

A matéria-prima para o primeiro milagre é o bloco de construção mais básico da natureza. É um forte lembrete de que Deus não precisa de muito para trabalhar. Na verdade, Ele não precisa de nada. Seu melhor trabalho é *ex nihilo*. Suponho que Jesus poderia ter começado com uvas e milagrosamente acelerado o processo de fermentação de três anos, e isso seria qualificado como milagre. Mas ao começar com água, Jesus demonstra a capacidade de tomar a coisa mais simples da terra e transformá-la em algo ainda mais bonito, algo ainda mais saboroso. Se Deus pode fazer isso com água, o que Ele não pode fazer? O Deus que criou cada átomo é o único que pode transformar qualquer molécula. Isto inclui células sanguíneas, células cerebrais e células cancerosas. Nossas células são o LEGO de Deus.

Ole Kirk Christiansen era um sonhador audacioso, mas duvido que tivesse imaginado uma loja de LEGO em Times Square ou uma Legoland, parques de diversões temáticos em todo o país, sem mencionar filmes de sucesso de Hollywood, jogos de vídeo e conjuntos de LEGO temáticos que fazem uma aparição em todo aniversário de crianças em idade escolar que já participei. A produção anual de 20 bilhões de peças de LEGO confunde a mente. Mas tudo começou com um bloco de construção simples.

Encontrei recentemente um dos cérebros por trás da marca LEGO em um encontro de empresários em Las Vegas. Ele deu a cada participante seis peças de LEGO que se transformaram em lição prática inesquecível de criatividade. Pediu que estimássemos o número total de combinações que poderíamos criar com essas seis peças. Avaliei a grosso modo em algumas centenas, deixando-me apenas algumas centenas de milhões abaixo da resposta certa. Não acho que alguém chegou perto do número total de permutações possíveis: 915.103.765.[8]

Difícil de acreditar, não? Da mesma forma, subestimamos o Deus que é poderoso para fazer infinitamente mais do que pedimos ou pensamos. Talvez seja por isso que Jesus começa seu ministério de milagres com H_2O — para mostrar o que Ele pode fazer com quase nada. A lição prática é muito mais inesquecível do que seis peças de LEGO. Começa com seis talhas de pedra. Adicione água. Leve-as para Jesus. Observe o que Ele pode fazer!

O LADRÃO DE TÚMULOS

A Quinta Força

Centenas de compostos químicos flutuam no vinho tinto, cada um com sua própria fórmula química complexa. Dizer que Jesus transformou H_2O em C_2H_5OH através da fórmula de fermentação seria uma simplificação exagerada. O milagre de Caná envolveu uma centena de reações químicas, a mais básica das quais é a glicólise. Em termos moleculares:[9]

$$C_6H_{12}O_6 + 2\ ADP + 2\ P_i + 2\ NAD^+ \to 2\ CH_3COCOO^- + 2\ ATP + 2\ NADH + 2\ H_2O + 2\ H^+$$

O mecanismo preciso pelo qual Jesus transformou água em vinho é um mistério, e é o que faz com que seja um milagre. Mas revela sua maestria e majestade a condição molecular. Ele é *o* catalisador para toda e qualquer transformação, quer se trate de transformar água em vinho ou pecadores em santos.

Na última contagem, havia 10^{82} átomos no universo observável. Cada um remonta sua origem a duas palavras que os criaram: "Haja luz".[10] Deus os criou e Deus os controla. Ele pode curá-los, multiplicá-los ou amaldiçoá-los. Pode restaurar uma mão mirrada ou murchar uma figueira estéril. É Ele que decide, porque foi Ele que criou.

Abraham Kuyper, teólogo e ex-primeiro-ministro holandês, pode ter sido muito feliz quando disse: "Não há um único centímetro quadrado em todos os domínios da existência humana sobre o qual Cristo, que é soberano sobre tudo, não clame: é meu!".[11] Eu colocaria "partícula subatômica" no lugar de "centímetro quadrado" (e faria a devida concordância nominal).

Nele foram criadas todas as coisas.[...] Ele é antes de todas as coisas, e todas as coisas subsistem por ele.[12]

Os físicos quantificaram quatro forças fundamentais: a força gravitacional, a força eletromagnética, a força nuclear forte e a força nuclear fraca. Mas a física quântica postula a existência de uma quinta força misteriosa que governa as outras quatro juntas. Talvez eles estejam no caminho certo: Deus é o glúon que liga as partículas subatômicas. É sua energia cinética que anima a molécula da água, a molécula de vinho e todas as outras moléculas da Via Láctea. O problema, claro, é que todo átomo foi afetado pela queda do homem.

Quando Adão comeu da árvore do conhecimento do bem e do mal, a lei da entropia foi introduzida na equação da criação. O metal enferruja. Os alimentos apodrecem. Os músculos se atrofiam. As células sofrem mutações. As estrelas caem. E as pessoas morrem. Mas não há átomo no corpo humano ou no universo que não esteja sujeito à autoridade predominante de Deus. Nem a água em Caná que encheu seis talhas de pedra em uma festa de casamento. Nem os neurônios no hemisfério direito do cérebro que desencadeiam a imaginação. Nem os leucócitos na corrente sanguínea que combatem os antígenos. Nem os hepatócitos do fígado que digerem e desintoxicam. Nem a ocitocina no leite de uma mãe que promove o vínculo maternal. Nem o espermatozoide que milagrosamente se mistura com o óvulo para conceber um ser humano diferente de qualquer outro que já viveu. Nem mesmo as células que morreram e entraram em decomposição por quatro dias.

Cada estrutura helicoidal dupla do DNA está sujeita ao Designer Inteligente. AquEle que criou o código genético pode quebrá-lo. Mas não nos esqueçamos de que as leis da natureza — físicas, biológicas e astronômicas — são, em si mesmas, milagres. Quando Deus anula uma lei da natureza que Ele originalmente instituiu, é um milagre dentro de um milagre. Devemos não apenas agradecer-lhe pela cura instantânea que desafia a literatura médica. Devemos agradecer-lhe também pelas propriedades curativas de nosso sistema imunológico. E já que estamos no assunto, devemos agradecer-lhe também pela ciência médica. Todos os supracitados.

Sou asmático vitalício, e o albuterol tem literalmente salvado minha vida inúmeras vezes. Ainda que eu continue a orar pela eliminação de todos os sintomas por intermédio de uma cura milagrosa, agradecerei a Deus por todos os outros milagres que ocorrerem ao longo do caminho! Mesmo que Deus prefira não me curar enquanto eu estiver na terra, nunca terei falta de ar no céu. AquEle que reverteu a maldição do pecado reverterá a maldição da asma, a maldição do câncer, a maldição da doença de Alzheimer. Mais cedo ou mais tarde, não haverá mais dor, não haverá mais doença, não haverá mais morte. Prefiro que seja mais cedo, mas recebei mais tarde. Ambas as situações são igualmente milagrosas.

Vinho em Sangue

O primeiro milagre prefigura o último.

Na festa de casamento em Caná, Jesus transformou água em vinho. Na Última Ceia, Jesus levantou uma taça de vinho e disse: "Isto é o meu sangue, o sangue do Novo Testamento, que é derramado por muitos, para remissão dos pecados".[13] Na véspera da crucificação, Jesus transformou um cálice comum de vinho em cálice inesgotável da graça. Transformou o fruto da vide no agente de perdão para todo pecado cometido, desde Adão até o apocalipse.

Sem derramamento de sangue, não havia remissão de pecados no antigo sistema sacrificial judaico.[14] Mas para reverter a maldição de uma vez por todas, era necessário um sacrifício sem pecado. Assim, "Deus tornou pecado por nós aquele que não tinha pecado, para que nele nos tornássemos justiça de Deus".[15] É a transformação final. A graça é o dissolvente que branqueia a mancha carmesim do pecado e o torna branco como a neve. Não se engane, esse é o maior milagre de todos.

Quando comemoramos a Última Ceia por intermédio da Ceia do Senhor, é uma peregrinação de volta ao pé da cruz. É assim, como Maria, que tomamos o caminho mais curto para ir para Jesus. Podemos beber o cálice da bênção porque ele bebeu o cálice da ira. Jesus o bebeu até a última gota.[16] Façamos nada menos do que isso.

Seis Talhas de Pedra

    Certa vez, visitei uma vinícola enquanto atravessava de carro o vale do Napa, porque parecia a coisa certa a fazer. Minha lembrança mais comovente foi ver alguns falsos *sommeliers* agitarem o vinho na taça e tomarem o mais ínfimo dos goles. É assim que alguns de nós experimentam a graça de Deus. Bebemos como se o suprimento da graça fosse menor do que os cálices da ceia que usamos para celebrá-la. Mas você nunca ficará cheio do amor de Deus dessa maneira. Você tem de beber até a última gota.
    Saúde!

Capítulo

6

UM TOQUE

Disse-lhe Jesus: Mulher, que tenho eu contigo? Ainda não
é chegada a minha hora.
— João 2.4

Quando Jesus transformou água em vinho, Ele transformou uma festa de casamento em sua festa de chegada. O casamento em Caná repercutiu como sua estreia milagrosa. A noiva e o noivo tornaram-se figurantes quando Jesus tomou o centro do palco. Mas foi uma atriz coadjuvante que desempenhou o papel-chave nesta cena fatídica. Se você ler João 2 nas entrelinhas, parece que Maria está empurrando seu filho e que Jesus está resistindo sua mãe. Maria deseja que Ele suba ao palco, mas Jesus está esperando a ordem do Pai. As inflexões emocionais são tão sutis quanto uma ligeira mudança na pressão barométrica. Mas Jesus está hesitante. A pergunta é: por quê?

Os estudiosos têm debatido essa questão de todas as formas, mas esta é a minha opinião: Maria não sabia que o caminho do milagre era uma rua de mão única que levava ao cruzamento chamado Calvário. Jesus sabia muito bem. Ele sabia que o primeiro milagre acionaria a contagem regressiva para a crucificação. Isso é parte do que torna este primeiro milagre tão notável. É o subproduto de Jesus confiar nos instintos de outra pessoa! Maria teve a impressão de que esse era o seu momento. Essa é uma chave para decifrar o código do milagre.

Nove em cada dez vezes deixamos de perceber o milagre que está bem ao nosso alcance, porque estamos muito perto da situação. Precisamos que alguém coloque um holofote em algo que está em nosso ponto cego. Ou que dê uma cotovelada! A maioria dos milagres requer uma cotovelada. Temos de ser cotovelados para sair de nossas pressuposições, de nossa complacência, de nossos medos ou de nossas falhas. É útil ter uma relação de confiança com quem dá a cotovelada. Tenho dificuldade em confiar em personalidades caloteiras, pouco importando o quanto sejam carismáticas. Não confio nessas pessoas porque não as conheço e porque elas também não me conhecem. Mas a segurança relacional reduz o risco de danos colaterais. E ninguém tinha mais segurança com Jesus do que Maria.

Às vezes, é mais difícil crer em Deus por um milagre para *nós mesmos* do que crer em Deus por um milagre para *os outros*. Por isso, precisamos tomar emprestada a fé do banco de outra pessoa. Claro que não estou sugerindo que Jesus não acreditava em si mesmo; no entanto, a cotovelada de uma mãe é que foi o catalisador para esse milagre.

Quem você precisa cotovelar?

Apito para Chamar Pato

Tenho uma confissão a fazer.

Não assisto muito a *reality shows,* mas gosto de ver *Os Reis dos Patos*. Especialmente a oração em família à mesa do jantar no final de cada episódio! Há algo cativante nos trabalhadores braçais da família Robertson. O sucesso da empresa Duck Commander [Apito para Chamar Pato] e do programa de televisão *Os Reis dos Patos* é tão absurdo que poderia ser qualificado de milagroso. Mas tudo isso remonta a uma cotovelada.

Phil Robertson, o patriarca da família, estava administrando uma atividade de pesca comercial no noroeste da Louisiana no início da década de 1970. Ele estava vivendo seu sonho, mas sabia que não era sua vocação. Foi quando fez uma viagem de caça com seu amigo

Um Toque

Al Bolen. Quando um grande bando de patos selvagens sobrevoou o local onde estavam, Phil os atraiu com uma chamada de saudação. Al inocentemente disse:
— Você não chamou os patos. Você os comandou.

Foi quando a porta se abriu e deixou entrar o futuro.

A ideia para a empresa Duck Commander foi concebida no espírito de Phil naquela camuflagem perto de Junction City, Arkansas. Mas foi preciso outra cotovelada de outro amigo para selar o negócio. Baxter Brasher notou que metade da congregação da Igreja White's Road Ferry encurralava Phil após os cultos para fazer-lhe perguntas intermináveis sobre apitos para chamar pato. Baxter não apenas incentivou Phil a fabricar um apito para chamar pato, mas também usou sua declaração financeira pessoal como garantia para ajudar Phil a obter um empréstimo de 25 mil dólares. Quando Phil perguntou o que ele queria de retorno, Baxter disse:

— Não quero um centavo. Só quero saber que ajudei alguém a começar um negócio.[1]

Quem você precisa cotovelar?

Se você procurar milagres, não os encontrará. Se você buscar a Deus, os milagres o encontrarão. Mas não se esqueça de cotovelar algumas pessoas ao longo do caminho!

Quase todos os milagres registrados na Bíblia envolvem um elenco de apoio. Os dois cegos estavam trabalhando no sistema de parceria.[2] O paralítico tinha quatro amigos que o fizeram descer diretamente através de um buraco no teto.[3] Sem esses figurantes, o milagre não ocorre. E o que dizer do rapaz com cinco pães e dois peixinhos? Ele sequer é citado nos créditos, sem falar nos 15 minutos de fama! Ele foi o ator coadjuvante em um dos mais surpreendentes milagres de Jesus.[4]

Se você quer o papel principal, você perderá o milagre. Se você estiver disposto a ser um figurante comum, Deus fará algo extraordinário.

O LADRÃO DE TÚMULOS

Arquiteto de Escolha

No brilhante livro *Nudge: O Empurrão para a Escolha Certa*, os autores Richard H. Thaler e Cass R. Sunstein citam exemplos fascinantes de como detalhes aparentemente insignificantes podem ter um impacto importante no comportamento. Os banheiros masculinos do Aeroporto de Schiphol em Amsterdã são bons exemplos. Quando Aad Kieboom, o projetista dos banheiros, colocou a imagem de uma mosca em cada mictório, houve a redução de 80% nos respingos.[5]

O autor dessa ideia é o que outros autores chamam de *arquiteto de escolhas*. Ainda que não pensemos em nós mesmos nesses termos, nós somos. Muito ou pouco, influenciamos uns aos outros de maneira sutil e não tão sutil. Algo tão simples como um sorriso pode encher a atmosfera emocional com positividade. Uma palavra de motivação pode alterar a dinâmica relacional.

No mundo do varejo, os arquitetos de escolhas sabem que o esquema de cores, a disposição espacial e a colocação dos produtos afetam subliminarmente a maneira como nos sentimos, o caminho que escolhemos e a forma como gastamos. O volume e o ritmo da música afetam o tempo em que as pessoas passam comprando. A cor de um quarto produz um estado de espírito. Diferentes aromas afetam o quanto os clientes pagarão por um produto.

Meu estudo favorito envolve salas de cinema e o cheiro de pipoca — um dos cheiros mais memoráveis por causa da mistura complexa de 23 compostos do cheiro. Enquanto um grupo de controle assistia a um filme em um ambiente não manipulado, um grupo experimental assistia ao mesmo filme em uma sala inundada com o cheiro de pipoca. O grupo experimental lembrava com precisão 10%, 20% e, em alguns casos, 100% mais cenas do que o grupo de controle. Os pesquisadores concluíram que o cheiro de pipoca é um estimulante da memória, um esteroide da memória. Há anos, eu brinco que o cheiro de pipoca é o nosso incenso na Igreja da Comunidade Nacional, porque nos reunimos em salas de cinema. Mas se esse estudo estiver correto, então nossos congregantes são os que mais se lembram dos sermões dados em qualquer outra igreja do país!

É coincidência que o mesmo Deus que projetou o bulbo olfatório com sua capacidade inata de distinguir 10 mil cheiros, também deu a Moisés uma fórmula secreta e sagrada para o incenso?[6] Penso que não. Ele sabia que o incenso se fixaria na alma e acionaria a adoração toda vez que os israelitas chegassem perto do tabernáculo. Deu-lhes também o modelo dos móveis, utensílios e equipamentos — até a cor das cortinas.[7] O Arquiteto do universo esquematizou cada centímetro quadrado da tenda, de modo que havia lugar para tudo e tudo estava em seu lugar.

Com esse mesmo tipo de intencionalidade, Deus planeja o enredo de nossa história. Confirma nossos passos.[8] Prepara boas obras para andarmos nelas.[9] Faz com que todas as coisas contribuam juntamente para o nosso bem.[10] Deus nos deu o livre-arbítrio, mas ninguém orquestra oportunidades como o Onipotente. Ele fornece uma rampa de acesso a todas as oportunidades. Ele fornece uma rampa de saída para cada tentação. Ele até se coloca à porta e bate.[11] Ou envia alguém como Maria para bater à porta da oportunidade para Ele.

Não faço ideia de qual situação você se encontra, mas você está exatamente onde Deus quer que você esteja. Mesmo que não seja onde você queira estar.

O que foi que acabou em sua vida?

Tempo? Amor? Dinheiro? Força?

O que está faltando em sua vida que você precisa que Deus reabasteça?

Não procure a rota de escape antes de procurar a rota da oportunidade. Deus está preparando você!

Pequenos Toques

Você não pode fazer escolhas pelos outros. Se seu coração foi despedaçado por um pai abusivo ou um filho rebelde ou um ex-cônjuge, talvez seja isto que você precisa saber. Você não deve assumir

O LADRÃO DE TÚMULOS

a responsabilidade pelos pecados de outra pessoa, mas pode escolher sua reação. Você é, de fato, um arquiteto de escolhas.

Se você estiver em posição de liderança, oportunidades de engenharia farão parte de seu portfólio. Não importa se você é pai, ou técnico, ou gerente, ou pastor. Um elogio oportuno pode abrir a porta e deixar entrar o futuro. Um empurrãozinho na direção certa pode mudar o enredo de uma história para a eternidade. Você não precisa colocar pressão indevida sobre si mesmo. Não se preocupe com oportunidades perdidas ou erros cometidos. Deus é o Deus da segunda chance, e da terceira, e da quarta, e da centésima. Mas quando o Espírito lhe der um toque, obedeça-lhe. Se você não obedecer, nunca saberá onde essa situação difícil o teria levado. Se obedecer, a perseguição ao impossível começa.[12]

A primeira chave para experimentar o milagre é discernir esses pequenos toques.

Maria aprendeu a discernir os toques do Espírito quando era adolescente. Em comparação com a concepção virginal, todos os demais toques foram muito fáceis. Quando o Espírito tocou em Maria e em José para fugirem para o Egito, eles obedeceram. O casamento em Caná não foi diferente. Como um pai que acaba de tirar as rodinhas da bicicleta, Maria dá a Jesus impulso suficiente para catapultá-lo para este milagre.

Hebreus 10.24 (ARA) diz:

Consideremo-nos também uns aos outros, para nos estimularmos ao amor e às boas obras.

A espora é um artefato utilizado para estimular. Às vezes, é um tapinha nas costas. Às vezes, um golpe mais forte. Seja como for, há alguém em sua vida que precisa de um empurrãozinho! Começa com obediência aos toques do Espírito Santo.

Foi o que fez um homem chamado Peter, quando seu avião fez conexão em Phoenix. Ele estava lendo meu primeiro livro, *Na Cova com um Leão em um Dia de Neve*. Uma frase chamou-lhe a aten-

Um Toque

ção: "Deus está no negócio de nos posicionar de forma estratégica no lugar certo, na hora certa, mas cabe a nós ver e aproveitar essas oportunidades que estão ao nosso redor o tempo todo".[13] Peter disse olá para a jovem ao lado dele, mas ela fechou-se com um daqueles olhares que diz: "Por favor, não fale comigo o resto do voo, e o apoio de braço da minha poltrona é meu!". Mas o Espírito continuava cotovelando-o bem nas costelas. Peter estava com medo de ofendê-la, porém estava com mais medo de ofender ao Espírito Santo. Então, inclinou-se e disse:

— Eu sei que não é da minha conta, mas parece que você está carregando um peso enorme nos ombros. Se contar para um completo estranho ajuda, eu sou todo ouvidos.

A jovem de 17 anos contou-lhe que estava grávida de três meses e fugindo de casa. Seu namorado dissera-lhe que tomasse um avião e fosse para outra cidade tratar disso. Ela roubou o cartão de crédito de seu pai e comprou uma passagem só de ida para Las Vegas a fim de fazer um aborto. Depois de contar sua história, Peter compartilhou do evangelho. Quando desembarcaram em Las Vegas, ele a convenceu a telefonar para seus pais, pois deveriam estar muito preocupados. Os pais da moça convenceram-na a pegar o próximo avião para casa a fim de que pudessem cuidar de sua filha e neto.

Uma vida, talvez duas, foram salvas naquele dia! Tudo porque um homem sabia que uma atribuição de lugar pode ser apenas uma atribuição de Deus. Quando obedecemos a esses toques santos, o grande Mestre posiciona estrategicamente seus peões para dar xeque-mate no plano do inimigo.

O casal que contraiu matrimônio em Caná saiu do palco e do roteiro da Bíblia, mas o terceiro dia de sua festa de casamento foi, sem dúvida, o momento decisivo de suas vidas. Cada vez que relembrassem a recepção de casamento, refrescariam não apenas a memória, mas também a fé. É o que os milagres fazem. Quando Deus faz um milagre, nossa forma de administrá-lo é crer em Deus por milagres ainda maiores e melhores. E cotovelamos os outros para fazer o mesmo!

O SEGUNDO SINAL

Segunda vez foi Jesus a Caná da Galileia, onde da água fizera vinho. E havia ali um oficial do rei, cujo filho estava enfermo em Cafarnaum. Ouvindo este que Jesus vinha da Judeia para a Galileia, foi ter com ele e rogou-lhe que descesse e curasse o seu filho, porque já estava à morte. Então, Jesus lhe disse: Se não virdes sinais e milagres, não crereis. Disse-lhe o oficial: Senhor, desce, antes que meu filho morra. Disse-lhe Jesus: Vai, o teu filho vive. E o homem creu na palavra que Jesus lhe disse e foi-se. E, descendo ele logo, saíram-lhe ao encontro os seus servos e lhe anunciaram, dizendo: O teu filho vive. Perguntou-lhes, pois, a que hora se achara melhor; e disseram-lhe: Ontem, às sete horas, a febre o deixou. Entendeu, pois, o pai que era aquela hora a mesma em que Jesus lhe disse: O teu filho vive; e creu ele, e toda a sua casa. Jesus fez este segundo milagre quando ia da Judeia para a Galileia.

— João 4.46-54

Capítulo

7

A SINCRONICIDADE SOBRENATURAL

E havia ali um oficial do rei, cujo filho estava enfermo em Cafarnaum.
— João 4.46

Em 14 de abril de 1865, o presidente Abraham Lincoln sentou-se no camarote presidencial no Teatro Ford com sua esposa, Mary Todd Lincoln, para assistir a uma apresentação de Sexta-feira Santa de *Our American Cousin*. O general Robert E. Lee rendera-se à causa da confederação no Palácio da Justiça de Appomattox apenas cinco dias antes. A euforia estava no ar, mas uma nação marcada com fermentos de guerra logo experimentaria a mesma chicotada emocional que os discípulos de Jesus sentiram quando Ele passou da adrenalina da entrada triunfal para a dor angustiante da crucificação no prazo de uma semana.

O renomado ator John Wilkes Booth conhecia a peça de cor, então esperou até o Ato III, Cena II. Foi quando as 700 pessoas no teatro iriam rir em voz alta na parte mais engraçada do enredo. O camarim do presidente era para ser guardado por John Frederick Parker, mas durante o segundo intervalo, ele foi para um bar beber com o lacaio e cocheiro do presidente. Quando a plateia riu no momento certo, Booth, simpatizante do Sul, atirou à queima-roupa na nuca do presidente.

O LADRÃO DE TÚMULOS

Robert Todd Lincoln, filho mais velho do presidente, declinara o convite de assistir à produção daquela noite, mas estava ao lado de seu pai caído minutos depois que um mensageiro deu a notícia. Robert não seria estranho à morte, tendo a infeliz distinção de testemunhar dois outros assassinatos presidenciais. Ele atuava como secretário de guerra no governo do presidente James A. Garfield, quando Garfield foi morto a tiros por Charles Guiteau em uma estação de trem em Washington, em 2 de julho de 1891. O segundo incidente aconteceu na Exposição Pan-Americana em Buffalo, Nova York, em 6 de setembro de 1901. Lincoln participava a convite do presidente William McKinley, que foi baleado pelo anarquista Leon Czolgosz.

Embora parecesse que Robert Todd Lincoln tivesse uma queda especial para estar no lugar errado na hora errada, tal encontro com a morte era muito mais fortuito. Poucos meses antes do assassinato de seu pai, Robert estava na estação de trem em Jersey City, New Jersey. Empurrado pela grande multidão, ele caiu da plataforma, exatamente quando o trem começou a andar. Em uma carta de 1909 a Richard Watson Gilder, editor da revista *The Century Magazine*, Lincoln relatou os acontecimentos daquela noite fatídica. Enquanto jazia impotente sobre os trilhos do trem, a vida por um fio, um espectador o agarrou pelo pescoço e o puxou para a segurança. Lincoln reconheceu imediatamente seu salvador como ninguém menos que o famoso ator Edwin Booth, o irmão mais velho de John Wilkes Booth.[1]

Coincidência ou providência?

Eis *a* questão, não é? Não apenas das mais improváveis coincidências da história, mas também do nosso acaso diário. Será que Deus confirma nossos passos? Mesmo os que parecem passos errados? Será que abrimos nosso próprio caminho?

Há quem defenda que o esforço de salvamento de Edwin Booth foi misteriosa coincidência, o subproduto do acaso. Mas se você acredita em um Coreógrafo que mostra as sequências de cada passo, não há coincidência. Somente providência. Não há acaso. Somente encontro divino. Cada reviravolta do destino é parte da dança originalmente concebida pelo próprio Deus.

Quer dizer que Deus teve participação no plano de assassinato de Abraham Lincoln? Claro que não. Foi John Wilkes Booth quem puxou o gatilho. Então, Deus foi remisso na noite de 14 de abril de 1865? Não. O algoritmo do Todo-Poderoso inclui o livre-arbítrio. Para melhor ou para pior, o livre-arbítrio é o radical livre.

Ações e Reações

Meu amigo Kevin Ramsby é um sobrevivente.

Kevin pastoreia o Tabernáculo do Avivamento no centro de Detroit, onde dedicou a vida para trabalhar com gangues e viciados em drogas. Isso garante guarda preventiva especial do Todo-Poderoso, não é? Mas o sonho de Kevin transformou-se em pesadelo às 3 horas da madrugada de 4 de agosto de 2009, quando ele foi esfaqueado 37 vezes durante um assalto em sua casa.

Um metro e vinte centímetros de cicatrizes cobrem o corpo de Kevin, mas seu senso de humor sobreviveu ileso. Kevin passou por inúmeras cirurgias depois do ataque, incluindo uma cirurgia de emergência para reparar intestinos rompidos. Passei pela mesma cirurgia, em circunstâncias bem diferentes. Quando Kevin e eu descobrimos que ambos os nossos umbigos estavam em lugares diferentes depois da cirurgia, demos uma boa risada.

Quando a tragédia ocorre, a pergunta que vem à mente é universal: *Onde estava Deus?* Kevin só ficou sabendo mais tarde quando os médicos e investigadores lhe contaram. Meia dúzia de ferimentos a faca estavam milimetricamente distantes de matar ou paralisar Kevin pelo resto da vida. Esse é o milagre número um ou os milagres números um a seis. Contudo, o relatório policial é ainda mais misterioso e miraculoso do que o relatório médico. Os investigadores encontraram a poça de sangue onde Kevin caiu indefeso no topo da escada, bem como marcas de sangue nas paredes de sua casa. Mas uma coisa estava ostensivamente ausente: não havia pegadas de sangue entre a casa de Kevin e a casa do vizinho, onde ele foi buscar ajuda. Nem uma única gota de sangue foi encontrada. Como Kevin conseguiu chegar à casa do vizinho é tanto um mistério quanto um milagre! Só Deus.

Na sentença de seu agressor, Wesley McLemore, Kevin recusou-se a fazer a declaração de vítima. Ele fez uma declaração de vida. E fez mais do que declarar o perdão a Wesley. Kevin fez amizade com o homem que tentou matá-lo. A família e amigos de Wesley o repudiaram, mas Kevin não. Kevin é o único contato de Wesley fora da prisão. Nas palavras de Kevin:

— Deus me perdoou tanto, como não posso perdoar?

É simples assim.
É difícil assim.

A verdadeira prova de fé não são nossas ações. São nossas reações. É relativamente fácil agir como Jesus. É muito mais difícil reagir como Ele. O perdão é a prova decisiva.

Eu lhe asseguro isto: Deus não causou esse crime violento. Wesley McLemore tomou a decisão errada, inspirada pelo Maligno, que vem para matar, roubar e destruir. No entanto, assim como José, que foi vítima de um crime violento, Kevin experimentou um momento de Gênesis 50.20. Quando dezessete anos mais tarde José foi reunido com os irmãos que tentaram matá-lo, ele não fez uma declaração de vítima. Ele disse:

> É verdade que vocês planejaram aquela maldade contra mim, mas Deus mudou o mal em bem para fazer o que hoje estamos vendo, isto é, salvar a vida de muita gente.[2]

Pela coragem de Kevin e pela graça de Deus, um acidente terrível foi transformado em um encontro divino com cada pessoa da força policial e do pessoal médico, que colocou a fé em Jesus Cristo

A Sincronicidade Sobrenatural

por causa do perdão de Kevin e, mais significativamente, por causa do perdão do inocente Filho de Deus.

**Acidente? Ou encontro divino?
Depende de sua reação.**

Você não Vai a Lugar nenhum por Acaso

Quando me mudei para Washington, tive o privilégio de jantar com Richard Halverson, capelão do senado. (Parte do que tornou o momento inesquecível foi que Muhammad Ali, ex-campeão mundial dos pesos pesados, estava comendo na mesa bem ao lado da nossa na sala de jantar do senado.) Antes de servir no senado, Halverson pastorou por 23 anos a Quarta Igreja Presbiteriana em Bethesda, Maryland. Ele fazia o que os pastores fazem — tudo, de pregar e aconselhar a fazer casamentos e enterros. Porém acreditava que sua função mais importante era pronunciar, ao final de cada culto, a bênção cuidadosamente escrita por ele:

Você não vai a lugar nenhum por acaso.
Onde quer que você vá, Deus o está enviando.
Onde quer que você esteja, Deus o colocou lá; Ele tem um propósito para você estar lá.
Jesus habita em você e tem algo que Ele deseja fazer por intermédio de você, onde você estiver.
Acredite nisso e vá em sua graça, amor e poder.[3]

Halverson lembrou à congregação essa simples verdade semana após semana, até que faleceu em 1º de dezembro de 1995. Então, lembrou-lhes uma última vez. Na conclusão de seu culto fúnebre, o próprio Halverson deu a bênção através de uma gravação. Não havia ninguém ali que estivesse com os olhos secos!
Você não vai a lugar nenhum por acaso.

Pode ser que você não esteja onde você quer estar, mas Deus pode usá-lo ali mesmo. Na verdade, esse pode ser o lugar que Deus quer que você esteja. Quer você esteja fazendo uma viagem missionária para o outro lado do mundo ou uma viagem simples ao supermercado, Deus está marcando encontros divinos ao longo do caminho. O desafio, claro, é que são mais difíceis de serem reconhecidos quando estamos perto de casa, porque operamos no piloto automático. Não tenha tanta pressa para chegar onde você está indo para que você não deixe de ver os milagres ao longo do caminho, ou os milagres que podem estar fora do seu caminho!

A Grande História dentro da História

No Israel do século I, os funcionários do governo e os rabinos judeus itinerantes atuavam em círculos sociais muito diferentes. Na verdade, evitavam-se como a peste. Mas tempos de desespero exigem medidas de desespero, sobretudo se seu filho está a ponto de morrer. Moveremos o céu e a terra se for preciso. Ou nos humilharemos perante o Criador do céu e da terra! O oficial do rei, em João 4, que provavelmente se reportava a Herodes, desafiou o protocolo cultural quando procurou uma audiência com aquEle sobre quem diziam que transformara água em vinho. Ele submeteu-se a alguém sobre quem tinha poder político. Na verdade, condecorou-o *Sir* Jesus. Esse termo de afeto "Senhor" parece um detalhe sem importância, mas é algo de elevada estima. Tenho absoluta certeza de que Jesus não teria respondido a um acordo entre as partes baseado no poder político. Na minha experiência, Deus não responde bem à chantagem ou suborno. Mas Ele moverá o céu e a terra para responder um humilde pedido de ajuda, mesmo que o pedido venha de um burocrata romano pertencente ao partido político errado.

O primeiro milagre em Caná foi molecular. O catalisador foi uma reação química em mudou as moléculas de água, revelando seu domínio microscópico das partículas subatômicas. O segundo milagre é fisiológico e geográfico. Jesus aplaca uma febre perigosamente alta sem o auxílio de antitérmico. Mas o fato fundamental é este: Jesus abaixa a temperatura a 32 quilômetros de distância! Muitos dos milagres de Jesus aconteceram pela imposição de mãos, mas este é um milagre de longa distância. O segundo milagre revela mais do que sua capacidade de regular o hipotálamo, o termostato do cérebro. Mostra seu domínio *macroscópico* do tempo e espaço.

O catalisador para este milagre é um encontro divino entre candidatos improváveis. Chamo-os de sincronicidades sobrenaturais. Quando você encontra a pessoa *certa*, no lugar *certo*, na hora *certa*, e você não sabe explicar como isso aconteceu, foi Deus que marcou esse encontro. É mais do que uma história dentro da história da Bíblia. Se você viver uma vida guiada pelo Espírito, ela se tornará uma história dentro da história de sua vida. Você não pode definir as sincronicidades sobrenaturais. Esse é o trabalho de Deus. Mas é seu trabalho identificá-las e aproveitá-las.

Pessoa Relacionada

Como você detecta as sincronicidades sobrenaturais? Como você se envolve nas histórias sobrenaturais dentro da história? Qual é a causa e o efeito?

Se você quiser estar no lado do *efeito* da equação do milagre, um humilde pedido de ajuda será um bom lugar para começar. Se você quiser estar no lado da *causa*, então trate as pessoas da maneira que Jesus tratava. Portas fechadas se abrirão facilmente. Você não terá de procurar oportunidades. Elas baterão à sua porta, assim como o oficial do rei.

Meu amigo Justin Mayo é o fundador e diretor-executivo de uma organização incrível chamada Red Eye. Como o nome sugere (Olhos Vermelhos), grande parte de seu ministério acontece nas primeiras horas da manhã. Justin já fez muitas reuniões pós-festa para o quem é quem de Hollywood, mas ele não faz acepção de pessoas. O que Justin mais gosta de fazer é oferecer uma festa de tratamento de beleza completo do dia das mães para mulheres sem-teto que vivem nos bairros pobres.

O LADRÃO DE TÚMULOS

Justin é uma das pessoas mais relacionadas que já conheci. Ele tem mais acessos do que o Access Hollywood, programa de televisão diário de notícias de entretenimento. Penso que é porque ele não está a procura de favores. Está dando-os. As pessoas se sentem seguras perto de Justin, porque ele as ama da maneira que Jesus amava, sem estipular condições. Justin poderia contar dezenas de histórias de amigos famosos com quem não tinha nada a ver, mas estavam na mesma sala, porque as sincronicidades sobrenaturais continuam a acontecer a torto e a direito. Do tapete vermelho aos bairros pobres, Justin entra nas histórias sobrenaturais dentro da história, porque ele faz isso: ama as pessoas quando menos esperam e menos merecem.

Quando o oficial do rei veio implorar pela vida de seu filho, Jesus não pediu que primeiro lhe mostrasse sua declaração de imposto de renda. Ele não lhe pediu para retirar a ocupação romana ou alterar a lei romana. Ele fez ao homem um favor sem pedir outro em troca. Esse é o catalisador para muitos milagres.

Quem É Quem

Na cidade onde moro, tudo diz respeito a quem você conhece. Nomeações políticas não acontecem por causa do que você sabe. Nem os favores políticos. Sua rede social é o cartão-chave que destrava a porta da oportunidade. Não era muito diferente há 2 mil anos. Em virtude de sua posição, o oficial do rei tinha acesso ao *quem é quem* do Império Romano. Isso faz com que sua busca de ajuda de Jesus de Nazaré seja ainda mais notável. Lembre-se, na esfera política, Jesus era o súdito sob a autoridade desse funcionário do governo. Mas no reino espiritual, os papéis estavam invertidos. A autoridade do Rei dos reis supera a autoridade de qualquer rei terreno. Esse é o nosso trunfo. Os milagres estão muito acima da capacidade humana, mas estão bem ao alcance da nossa autoridade como filhos de Deus.

Lembrei-me disso durante recente vigília de oração na Igreja da Comunidade Nacional. Como nossa igreja lançou o desafio da oração, tive a nítida impressão de que 8th Street SE, 535, era o endereço

A Sincronicidade Sobrenatural

mais importante da capital da nação durante as 12 horas de intercessão. Não quero dizer egoisticamente que o mundo girava em torno de nós. Honestamente não me importo se o avivamento começar na Igreja da Comunidade Nacional ou em outra igreja de nossa cidade. Só queremos da maneira como Deus quer. Mas naquela noite, me senti como se estivéssemos bem no epicentro da presença manifesta de Deus. Mesmo a Avenida Pensilvânia, 1600, não tinha nada a ver conosco. Nossa igreja está literalmente cercada por locais de importância política sem paralelo. Estamos à sombra da Casa Branca, do Capitólio e do Supremo Tribunal. Mas o poder supremo encontra-se naquele que estabelece e remove os reis da terra. Nossa autoridade é muito maior tanto em termos de alcance quanto de potência. É mais alto, mais longe e mais forte.

Meu amigo e mentor de longa data, Dick Foth, mudou-se para Washington em 1994, para trabalhar com o *quem é quem* de Washington. Dick fez amizade com todo mundo, de membros do congresso e membros do gabinete a generais e almirantes. Entretanto, apesar de suas credenciais como ex-reitor universitário, Dick sentiu-se intimidado pelas pessoas de influência política de Washington. Sentiu-se como se estivesse perdido, como um peixe fora d'água. Então, descobriu um segredo: todo mundo tinha algo a pedir das pessoas no poder. Quando Dick visitou esses estadistas e disse-lhes que não queria nada deles, ganhou incrível alavancagem espiritual. O momento decisivo para Dick aconteceu no próprio edifício do Capitólio. Ele ouviu a voz mansa e delicada do Espírito Santo dizer: "Se você falar com o Rei do universo na parte da manhã, não há problema em falar com um senador dos Estados Unidos no período da tarde".

Quem é o oficial do rei em sua vida?
Quem está perdido, como um peixe fora d'água?
Com quem você não tem nada a ver, mas está fazendo negócios?

O LADRÃO DE TÚMULOS

**Não se deixe intimidar pelo poder que eles têm.
Você se reporta a um poder superior.**

Pode parecer que eles têm o que você quer, mas você tem o que eles precisam. Se você seguir Jesus, os oficiais do rei buscarão ter uma audiência contigo, porque você tem algo a oferecer que o poder não pode controlar e o dinheiro não pode comprar.

José era impotente na prisão, todavia ele podia fazer uma coisa que ninguém mais podia. Sua capacidade de interpretar sonhos o levou a uma sincronicidade sobrenatural que salvou duas nações da fome. Deus revelou segredos para José que não revelou a ninguém. É o que distinguia José. É o que distinguirá você.

Seis Graus de Kevin Bacon

Na década de 1960, o psicólogo Stanley Milgram conduziu um experimento social que mais tarde foi popularizado pelo jogo de salão "seis graus de Kevin Bacon". Tecnicamente conhecido como "o pequeno fenômeno mundial", a conclusão do estudo de Milgram foi que, em média, duas pessoas nos Estados Unidos estão separadas por apenas seis conhecidos.

Stanley Milgram selecionou o nome de 160 pessoas que moravam em Omaha, Nebraska, e enviou-lhes uma carta em cadeia pelo correio. Na carta, estava o nome de um corretor da bolsa de Boston, Massachusetts. Cada pessoa que recebeu a carta foi instruída a acrescentar seu nome à carta e mandá-la a um conhecido que ela achasse que estava mais próximo do corretor da bolsa de Boston. Podiam mandá-la para alguém que conheciam em Boston, ou para outro corretor, ou para alguém com o mesmo sobrenome que o destinatário pretendido. Quando a carta em cadeia chegou às mãos do corretor da bolsa, Milgram calculou quantos passos levou para chegar lá. Em média, foram necessários seis relações ou menos.

Esse número pode muito bem ter diminuído no último meio século por causa do Facebook e do Twitter. Estamos socialmente ligados de forma diferente das gerações antes de nós. No entanto, mesmo que a tecnologia não tivesse diminuído os seis graus de separação, reduziu drasticamente o tempo real entre nós.

Então, você acrescenta Deus à equação. Deus conhece todo mundo. Ainda mais, Ele conhece todo mundo de todas as maneiras imagináveis. Ele não apenas conhece o passado. Ele conhece o futuro. Sabe até o número de cabelos da nossa cabeça pré-banho e pós-banho.

Se você conhece a Deus, existe apenas um grau de separação entre você e todas as pessoas do planeta. Ninguém está mais longe do que uma oração de distância. Deus pode dar-lhe acesso a qualquer pessoa, incluindo Faraó. Elas podem chegar batendo à porta, como o oficial do rei.

Joshua Dubois lançou recentemente um livro intitulado *The President's Devotional* [O Devocional do Presidente]. O livro contém os devocionais diários que Dubois escreveu para o presidente dos Estados Unidos, quando dirigia O Gabinete da Casa Branca sobre Assuntos Baseados na Fé e Parcerias de Vizinhança. Como seu pastor, gosto de pensar que alguns dos meus sermões influenciaram alguns dos seus devocionais. Pode ser pensamento fantasioso da minha parte, mas gosto de pensar que tive a atenção do presidente uma ou outra vez. Com Joshua como intermediário, havia apenas um grau de separação entre mim e o presidente dos Estados Unidos.

Você tem mais acesso do que imagina, porque você tem mais autoridade, como filho do Rei, do que você jamais poderia imaginar. Aqui está o meu conselho: não se preocupe com encontrar a pessoa certa. Reúna-se com Deus. Ele fará com que você encontre a pessoa certa no momento certo.

A igreja que pastoreio é composta principalmente de solteiros de vinte e poucos anos. Por isso, uma das nossas orações predominantes é encontrar a pessoa certa. É por isso que muitas vezes dou o lembrete acima para solteiros excessivamente ansiosos. Não há nada de errado com, por exemplo, um site de relacionamentos para solteiros, mas ninguém pode orquestrar um encontro romântico como o próprio Casamenteiro.

**Senhor Latitude é o seu nome.
As sincronicidades sobrenaturais são o seu jogo.**

O Primeiro Passo

Uma das sincronicidades mais importantes da história acontece em Atos 8. Deus diz para Filipe tomar a estrada do deserto ao sul de Jerusalém para Gaza. Não lhe diz por que irá ou o que acontecerá quando chegar, mas Filipe obedece mesmo assim. Honestamente, esse é o ponto em que paramos. Queremos que Deus revele o segundo passo antes de darmos o primeiro, contudo fé é dar o primeiro passo antes de Deus revelar o segundo passo! Se você der esse passo de fé, um encontro divino pode estar na próxima esquina. Filipe encontra um eunuco etíope no caminho, interpreta uma passagem da Bíblia, fala sobre o evangelho e o batiza — tudo em uma tacada só. Logo após esta sincronicidade sobrenatural, Filipe instantaneamente é transportado para Azoto, latitude 31° 49'N e longitude 34° 35'E. Não acho que Filipe desmaterializou-se e rematerializou-se ao estilo de *Jornada nas Estrelas*. Mas de um jeito ou de outro, o Senhor da latitude e longitude leva a cabo a façanha sobrenatural.

Só para constar, o teletransporte não é um dom espiritual. É um milagre. Ainda que ocorra muito raramente na Bíblia, Deus sempre está colocando as pessoas no lugar certo, no momento certo pela inspiração do Espírito Santo. Se obedecermos a esses sussurros, como Filipe obedeceu, mudaremos o curso da história.

Estive na Etiópia várias vezes e testemunhei, em primeira mão, o mover de Deus que está acontecendo naquele país. Em 2005, ajudamos a plantar a Igreja Internacional Beza na capital Adis Abeba, sob a liderança de Zeb Mengistu. Creio que o próximo capítulo da história da Etiópia será seu maior capítulo, mas o país tem uma longa história do cristianismo, que remonta ao encontro divino entre duas pessoas que nunca teriam se conhecido. Foi o primeiro elo de uma corrente ininterrupta do cristianismo que se estende por dois milênios. Os tremores dessa sincronicidade sobrenatural ainda entram no registro da escala Richter 2 mil anos mais tarde.

Dois Pardais

Na última vez que verifiquei, a contagem populacional assinalava 7.121.929.889. Se você conseguisse alinhar todas as pessoas em fila indiana, seria uma fila de 2.387.840 quilômetros. É distância suficiente para circundar a terra 59 vezes na linha do equador, o que me faz lembrar de algo que eu digo para minha primeira e única filha, Summer, desde que ela era menina: "Se todas as meninas do mundo fossem alinhadas em minha frente e eu só pudesse escolher uma, eu escolheria você". Minhas palavras de carinho assumem significado ainda maior quando consideramos os números reais, pois eu teria de circundar a terra algumas vezes para encontrá-la!

Quando levamos em conta o grande número de pessoas que habita este planeta, é fácil nos sentirmos insignificantes, mas é a emoção oposta que devemos ter. Você não é um em 1 milhão. Você é um em 7 bilhões. No entanto, Jesus diz:

> Não se vendem dois pardais por uma moedinha? Contudo, nenhum deles cai no chão sem o consentimento do Pai de vocês. Até os cabelos da cabeça de vocês estão todos contados. Portanto, não tenham medo; vocês valem mais do que muitos pardais![4]

O pardal era o item mais barato no mercado de alimentos da antiga Israel. Dois pardais poderiam ser comprados por uma das moedas menores e menos valiosas. Entretanto, nenhum dos passarinhos fica fora do cuidado, ou conhecimento, ou vista do Pai. Tradução: Deus preocupa-se com cada detalhe de sua criação. Nada está fora do escopo do seu cuidado, da sua preocupação. Nem mesmo a febre alta do jovem filho de um oficial do rei que vivia em Cafarnaum.

O LADRÃO DE TÚMULOS

Um dos meus comentários preferidos deste versículo vem de uma fonte improvável. Benjamin Franklin fez alusão a esse versículo durante um momento crítico na história americana: a Convenção Constitucional em 28 de junho de 1787. Após semanas de debates infrutíferos e emoções desgastadas, o estadista venerável dirigiu-se à convenção com estas palavras:

> Tenho vivido, senhores, por um longo tempo, e quanto mais vivo, mais provas convincentes vejo desta verdade: Deus governa os assuntos dos homens. Se um pardal não pode cair ao chão sem o conhecimento de Deus, será provável que um império possa subir sem a ajuda divina? Os Escritos Sagrados, senhores, asseguram-me de que "se o Senhor não edificar a casa, em vão trabalham os que edificam". Eu acredito firmemente nisso.[5]

Também acredito firmemente.

O problema é que crianças que não sabem nadar caem em piscinas e se afogam, pessoas inocentes são atingidas por motoristas bêbados, e crianças indefesas são vitimadas por familiares abusivos. Como justapor isso com esse versículo da Bíblia?

Por que Deus não cura todos os cânceres, evita todos os acidentes e acaba com a fome mundial?

Jesus não contorna essas questões. Quando encontrou um homem que nasceu cego, Ele lidou com a questão da dor e do sofrimento com graça e verdade. Faremos o mesmo quando examinarmos o sexto milagre, mas o próximo parágrafo é um espaço reservado até então.

Vivemos em um mundo caído com livre-arbítrio. Sabemos que Deus nos ama e tem um plano maravilhoso para nossa vida, mas convenientemente esquecemos o outro lado da moeda: o Inimigo odeia-nos e tem um plano horrível para nossa vida. Seu plano é roubar, matar e destruir.[6] Isso não significa que devemos viver com medo, porque como João nos fala, aquele que está em nós é maior do que aquele que está no mundo.[7] E "se Deus é por nós, quem será

A Sincronicidade Sobrenatural

contra nós?".[8] Mas é bom não esquecer que cada um de nós nasce no campo de batalha entre o bem e o mal. Temos de escolher um dos lados. Nas palavras imortais de Abraham Lincoln: "Minha preocupação não é se Deus está ao nosso lado; minha maior preocupação é estar ao lado de Deus".[9]

Quando você escolhe o lado de Deus, não significa imunidade de toda doença ou seguro contra todos os acidentes. Coisas ruins acontecem com pessoas boas. Mas a realidade é redefinida por nossas reações a essas situações.

Considere Nick Vujicic.

Nick nasceu sem braços e pernas, mas se recusa a ser definido por suas limitações. Em vez disso, desafia-as. Gosto da capa de seu livro *Indomável*. É uma foto de Nick surfando! Como é possível sem pernas e braços? Porém, o que mais gosto ainda é que Nick mantém um par de sapatos no armário. Pare e pense. Por que alguém sem pernas precisa de um par de sapatos? Nas palavras de Nick: "Mantenho um par de sapatos no armário porque acredito em milagres".[10]

Você não pode controlar as circunstâncias, mas pode viver com santa confiança, sabendo que todas as coisas cooperam para o bem daqueles que amam a Deus e são chamados por seu decreto.[11] O mesmo Deus que transformou água em vinho pode transformar sua dor em ganho para outra pessoa, sua mágoa em cura de outra pessoa, seu pior dia em seu melhor dia.

Foi o que Ele fez por José há milhares de anos.
Foi o que Ele fez por Kevin há alguns anos.
E é o que Ele pode fazer por você aqui e agora.

Capítulo

8

VÁ COM DEUS

Disse-lhe o oficial: Senhor, desce, antes que meu filho morra. Disse-lhe Jesus: Vai, o teu filho vive. E o homem creu na palavra que Jesus lhe disse e foi-se.
— João 4.49, 50

Na cripta do Capitólio, há uma placa de bronze em homenagem a Samuel Morse, o inventor da telegrafia. Quando a vi pela primeira vez, parecia estranhamente fora de lugar. Essas paredes não deveriam ser reservadas para políticos? Mas Morse teve uma simbiose única com o Capitólio. Duas décadas antes da invenção que mudaria a história, Morse foi contratado para pintar a Câmara dos Representantes, a representação então famosa de uma sessão noturna do congresso americano.

Em 1825, Morse retornou a Washington para pintar um retrato do marquês de Lafayette, o principal defensor francês da Revolução Americana. Enquanto Morse estava pintando, um mensageiro a cavalo entregou uma carta de uma linha mandada por seu pai: "Sua querida esposa está convalescente". Quando Morse chegou em New Haven, Connecticut, sua esposa já tinha sido enterrada. Com o coração partido pelo fato de não ter tido conhecimento dos problemas de saúde e morte solitária de sua esposa por mais de uma semana, Morse parou de pintar e começou a buscar um meio de comunicação rápida de longa distância.

O pintor que virou inventor abriu um negócio no Capitólio. Morse testou o protótipo do telégrafo enviando mensagens entre as alas da câmara e do senado. De acordo com Isaac Bassett, porteiro do senado, muitos senadores estavam céticos, mas Morse conseguiu uma verba governamental de 30 mil dólares para construir uma linha telegráfica de 61 quilômetros de Washington a Baltimore, acompanhando a rota da ferrovia Baltimore & Ohio.

Em 24 de maio de 1844, uma grande multidão reuniu-se no interior do Capitólio para testemunhar Morse telegrafar uma mensagem na língua que ele criara, o código Morse. A mensagem foi escolhida por Annie Ellsworth, filha de Henry Leavitt Ellsworth, Comissário de Patentes nos Estados Unidos. Ainda que muitos americanos se lembrem dessas palavras infames das aulas de história do ensino médio, poucos sabem que é um versículo das Sagradas Escrituras. Annie apropriadamente escolheu Números 23.23 na Versão King James em inglês, e a Palavra não voltou vazia. Momentos após a mensagem de cinco palavras ter sido recebida na estação ferroviária perto de Baltimore, a mesma mensagem foi transmitida de volta ao Capitólio: "Que coisas Deus tem feito!".

A Morte da Distância

Cem anos atrás, a informação viajava a velocidade de navios, trens e cavalos. Viajando 120 quilômetros por dia a cavalo, os cavaleiros da Pony Express, empresa de correios, faziam a viagem de 3.200 quilômetros de Saint Joseph, Missouri, a Sacramento, Califórnia, em dez dias corridos! Quando George Washington morreu em 14 de dezembro de 1799, levou uma semana para a notícia viajar da Virgínia para Nova York. Muitos americanos só receberam a notícia no ano civil seguinte.

Notícias internacionais viajavam ainda mais lentamente. Os jornais enviavam repórteres aos portos para colher notícias de passageiros que desembarcavam de transatlânticos. Pode ser uma lenda urbana, mas dizem que o rei George fez a seguinte anotação em seu diário em 4 julho de 1776: "Nada de mais aconteceu hoje". É bem possível, dado o fato que levou várias semanas para a notícia da revolução atravessar o Atlântico. Às vezes, a lentidão com que as notícias viajavam tinha consequências trágicas. Dois mil soldados foram mortos na Batalha de New Orleans em 1815, duas semanas após o pertinente tratado de paz ter sido assinado em Londres.

Há apenas cem anos, o sistema de telefonia transcontinental americano tinha a capacidade de lidar com somente três chamadas telefônicas simultâneas. Hoje, estamos conectados via Wi-Fi de maneira que nossos tataravós jamais poderiam ter imaginado. Estamos testemunhando a morte virtual do tempo e da distância. O mundo continua a ficar cada vez menor e cada vez mais rápido.

Nesse pano de fundo, considere a singularidade do segundo milagre. Muitos dos milagres realizados por Jesus foram encontros pessoais — próximos, corpo a corpo e face a face. Mas o segundo milagre redefiniu a realidade ao desafiar as quatro dimensões do espaço e tempo. Foi um milagre de longa distância em tempo real. Um milagre por procuração. Jesus não enviou uma mensagem em código Morse. Ele enviou virtude de cura pelas ondas do som, que instantaneamente curou o filho do oficial do rei, que estava a 32 quilômetros do alcance da voz.

Muitas das testemunhas oculares deste milagre conheciam a Torá inteira de cor. Não posso deixar de imaginar se Números 23.23 não ativou as sinapses de mais de um deles: "Que coisas Deus tem feito!".

Ação Fantasmagórica à Distância

Em 1964, James Stewart Bell publicou um trabalho inovador sobre o paradoxo de Einstein, Podolsky e Rosen que revolucionou o mundo da física quântica. Bell refutou o princípio das causas atuais. Isso significa que, independentemente da distância, tudo no universo está interligado. A relação entre as partículas nem sempre é mediada pelas forças atuais. É mediada pela quinta força dele mesmo.

O LADRÃO DE TÚMULOS

Aquele que instituiu a velocidade da luz é capaz de quebrá-la: "Um dia para o Senhor é como mil anos, e mil anos, como um dia".[1]

Uma das razões de termos dificuldades em acreditar no Deus dos milagres é porque pensamos que Deus está sujeito às leis da natureza que Ele criou e instituiu. Podemos estar em um só lugar ao mesmo tempo, por isso é difícil imaginar a onipresença. Para nós, o ponteiro dos segundos só se move no sentido horário, por isso é difícil imaginar a eternidade. Mas o Deus que projetou o universo com quatro dimensões não existe dentro delas. Dificilmente podemos imaginar uma quinta dimensão, muito menos um Deus que é unidimensional. Mas o segundo milagre indica o seu poder superluminal.

Durante séculos, a física clássica baseou-se no pressuposto de que nada pode viajar mais rápido do que a velocidade da luz. Era o limite de velocidade universal: 300 mil quilômetros por segundo. Há experimentos que dão a entender que, se duas partículas subatômicas forem atiradas ao espaço como resultado de uma reação subatômica, sempre parecem influenciar umas às outras, pouco importando a distância que estejam viajando. O que acontece com uma partícula acontece com a outra partícula de modo superluminal, ou seja, mais rápido do que a velocidade da luz. Existe uma ligação indivisível entre as partículas que desafia as quatro dimensões espaço-temporais. O termo técnico é não-localidade instantânea, mas gosto como Albert Einstein se referiu a ele: "Ação Fantasmagórica à Distância".

Não é má definição de oração. Resulta em ação fantasmagórica à distância! É sinalização instantânea que desafia as limitações espaço-temporais. Quando oramos, as ondas sonoras saem do nosso mundo quadridimensional. Quase como disparar uma bala para cima, você nunca sabe como ou quando ou onde a oração reentrará na atmosfera. Pode ser respondida a meio mundo de distância antes mesmo que saia dos seus lábios. Como uma cápsula do tempo, a resposta pode ser descoberta séculos mais tarde. Mas uma coisa é certa: nossas orações não têm data de validade. Algumas orações serão respondidas muito tempo depois de termos falecido. Claro que o Deus do ponteiro dos segundos também pode respondê-las antes mesmo de as proferirmos, porque o tempo é uma via de mão dupla para o Todo-Poderoso.

Não há passado, presente ou futuro.
Não há aqui ou ali.

Meio Mundo de Distância

Anos atrás, fiz parte de uma viagem missionária a Galápagos, um arquipélago de ilhas ao largo da costa do Equador. Percorremos todas as ilhas durante uma semana, contando as Boas-Novas aos ilhéus que nunca tinham ouvido falar do evangelho.

Antes da viagem, uma de nossas orações foi que Deus marcasse os encontros divinos. Em minha vida, entra dia sai dia faço a mesma oração, mas a duplico em viagens missionárias. Deus respondeu a essas orações com nada menos do que uma sincronicidade impactante e decisiva.

No dia em que voltávamos, levantamo-nos cedo para fazer uma viagem de ônibus de 45 minutos para atravessar a ilha de Santa Cruz e pegar a balsa que nos levaria ao aeroporto em uma ilha vizinha. Somente uma estrada pavimentada ligava a cidade portuária e a balsa, com praticamente nenhuma civilização entre elas. É por isso que ficamos surpresos ao ver alguém pedindo carona ao lado da estrada no meio da ilha, no meio do nada. Se eu estivesse dirigindo, teria acenado e continuado em frente, mas o motorista do ônibus parou e pegou um homem de meia-idade chamado Raul. Ele parecia ter o cheiro de alguém que estava andando a noite toda. Era óbvio que ele não dormira muito na noite anterior.

Raul poderia ter ocupado qualquer lugar no ônibus, mas Deus o fez sentar-se ao lado de Adam, uma das pessoas mais simpáticas e mais carinhosas que conheço. Era também uma das poucas pessoas de nossa equipe que falava espanhol fluentemente. A razão pela qual o assento ao lado de Adam estava desocupado era que ele se deitava ocasionalmente por causa de uma dor insuportável nas costas. Mais tarde, depois de ter ido ao médico em Washington, ficaríamos sabendo que Adam sofrera uma fratura de compressão na T12 da coluna vertebral por ter mergulhado de um penhasco no dia anterior. Entretanto, apesar da dor física aguda, Adam identificou-se com a dor emocional de Raul.

No decorrer da conversa, Raul disse a Adam que tinha pensado em cometer suicídio no dia anterior. Ele amarrara blocos de concreto em torno dos tornozelos e planejara se afogar no oceano, porque sua esposa de 30 anos o deixara. Adam fez mais do que ouvir o que Raul disse; ele entendia como aquele homem se sentia. Fazia poucos anos desde que a esposa de Adam, após um casamento de 15 anos, o deixara e ele também tinha tentado suicídio. Raul perguntou a Adam como ele lidou com a perda da esposa. Adam disse que se voltou para Jesus e que Jesus lhe deu uma nova vida.

Raul contou a Adam que sentia que Deus nunca estava presente quando ele precisava, mas então tomou conhecimento de outra coisa em 12 de agosto de 2006. Deus enviou um ônibus cheio de americanos como uma intervenção divina. Deus escolheu Adam para essa tarefa, e esse encontro divino pode ter sido a única razão de estarmos naquela viagem. Quem sabe, talvez seja a única razão pela qual Adam aprendeu espanhol. Se for, valeu a pena, porque Raul encontrou Jesus naquele ônibus.

O Senhor Latitude ataca novamente.

Pela ótica humana, não há como Adam e Raul terem se conhecido. Não tem como produzir esse tipo de encontro. Eles moravam em países diferentes e falavam línguas diferentes. Além disso, estavam separados por várias viagens de avião, viagens de ônibus e viagens de balsa. Mas o Deus que existe fora de nossas quatro dimensões espaço-temporais não conhece os limites geográficos ou cronológicos. Marcar um encontro divino em outro hemisfério é tão sobrenaturalmente simples como marcar um encontro divino com seu vizinho.

Um dia, Deus abrirá a cortina espaço-temporal e ligará os pontos entre nossas orações e suas respostas. Aos olhos da minha mente, é um quadro-negro sem bordas com tantas linhas pontilhadas que parece com uma aula de geometria num curso de pós-graduação. Algumas dessas linhas pontilhadas se estenderão a milênios, como as orações sincronizadas de Cornélio e Pedro em Atos 10. Se você for um seguidor gentio de Jesus, sua genealogia de oração remontará ao encontro divino entre o apóstolo Pedro e o centurião romano Cornélio, que foi o primeiro convertido não-judeu. Outras linhas pontilhadas cruzarão nossas fronteiras geopolíticas feitas pelo homem, como o caminho do eunuco etíope que se tornou o primeiro missionário em sua terra natal. Algumas linhas pontilhadas atravessarão os abismos socioeconômicos, como o que existia entre Jesus e o oficial do rei. Assim como o oficial do rei, sentiremos grande emoção ao vermos que as orações dos outros foram atendidas em nossa vida e as nossas orações foram atendidas na vida dos outros.

O Resto da História

Você se lembra da história de Steve Stewart, cuja ideia de Deus se traduziu na bomba de água Access 1.2? Como muitos milagres, esse envolvia várias sincronicidades sobrenaturais que aconteceram simultaneamente. Deixe-me ligar os pontos.

Em 23 de março de 2008, Steve e sua família reuniram-se para comemorar a Páscoa. Era uma época muito difícil para Steve por causa de uma cirurgia que lhe causou complicações de saúde. Durante o processo de cicatrização que levou um ano e meio para se concluir, Steve estava determinado a fazer com que o resto de sua vida valesse a pena. Na Páscoa, começou a orar, mas apenas uma palavra saiu de seus lábios: "Senhor". Foi acompanhado por cinco minutos de silêncio, junto com lágrimas intermitentes. Então, o filho de Steve disse: "Amém?". Naquele silêncio, Deus falou alto e claro. Steve profeticamente declarou o que eles sempre se lembrariam daquele domingo de Páscoa. O que Steve não lhes disse é que, naquele mesmo dia, ele decidiu demitir-se do trabalho. Ele não tinha ideia do que faria em seguida, mas estava determinado a fazer com que sua vida valesse a pena. Na manhã do dia seguinte, Steve escreveu a carta de demissão e enfiou-a na gaveta de cima da escrivaninha. Ele até circulou a data no calendário em que entregaria a carta ao empregador.

Naquele mesmo domingo de Páscoa, Bill Hybels, pastor da Igreja da Comunidade de Willow Creek, contou a história de Dick Greenly, um empresário com uma visão do tamanho de Deus. A visão dizia respeito a usar sua experiência profissional para levar água limpa para a África. Depois do sermão, alguém na congregação ficou tão empolgado que deu a Bill uma doação de centenas de milhares de dólares para "a pessoa de Oklahoma que quisesse cavar poços de água nos países em desenvolvimento"! Usando esse capital inicial, Dick Greenly foi desafiado a encontrar uma bomba de água que se adaptasse exclusivamente a essas regiões, mas seus esforços fracassaram. Na verdade, Dick Greenly estava prestes a desistir da busca em junho de 2008.

Em 13 de junho de 2008, uma semana antes da premeditada data de demissão de Steve, uma grande bomba de água quebrou na fábrica onde ele trabalhava. Para ajudar o gerente de produção a resolver rapidamente o problema, Steve ligou para a única pessoa que ele conhecia que sabia algo sobre bombas de água: Dick Greenly. Steve e Dick eram velhos amigos, mas não mantinham contato há anos. Steve deixou uma mensagem de voz, mas Dick não a recebeu, porque estava fazendo uma reunião de "venha a Jesus" com o seu futuro conselho de administração para descobrir o caminho a seguir, o qual parecia não haver caminho!

Em certo momento, Dick disse sarcasticamente que parassem de procurar uma bomba para adaptar e criassem algo a partir do zero. Muito a contragosto, essa ideia foi recebida com grande entusiasmo. Depois de demitir-se da função de ficar procurando, Dick disse ao conselho que conhecia um único homem que poderia criar algo a partir do zero. Era um velho amigo inventor que fazia anos que não tinha notícias. Na segunda-feira de manhã, quando Dick Greenly foi telefonar para Steve Stewart, ele descobriu que já tinha uma mensagem de voz de Steve! Dick convidou Steve para encontrá-lo para almoçar na quarta-feira, 18 de junho. Quando Dick perguntou se Steve tinha tempo para conceber um protótipo de bomba de água, Steve revelou que o dia seguinte era seu último dia no trabalho atual. Ele circulara 18 de junho meses antes, no domingo de Páscoa. E como dizem, o resto é história!

O tempo de Deus é impecável, não é?

Milagres raramente acontecem na nossa linha do tempo. Você não pode dar a Deus um prazo final. Mas pode confiar no tempo de Deus.

Ele nunca está adiantado.

Ele nunca está atrasado.

Ele sempre está na hora certa, o tempo todo.

Capítulo
9

À HORA SÉTIMA

Então, indagou deles a que hora o seu filho se sentira melhor. Informaram: Ontem, à hora sétima a febre o deixou. Com isto, reconheceu o pai ser aquela precisamente a hora em que Jesus lhe dissera: Teu filho vive; e creu ele e toda a sua casa
— João 4.52, 53 (ARA)

*E*m 1994, Tony Snesko mudou-se de San Diego para Washington para lutar por uma causa nobre. Tony estava profundamente preocupado que crianças inocentes estavam sendo induzidas à pornografia, porque os canais de televisão de adultos estavam a um clique de distância dos canais de desenhos. Por isso, ele foi o autor da legislação que obrigava a indústria de televisão a cabo a embaralhar o sinal dos canais de pornografia.

Quando Tony se preparava para visitar todos os 435 gabinetes da Câmara dos Representantes, ele rodeou o Capitólio em oração sete vezes. Ele até deixou escapar um grito de *Jericó* após a sétima vez. Em seguida, Tony começou sua campanha de porta em porta. Muitos membros aplaudiram seus esforços, mas disseram-lhe que era pouco e muito tarde. O projeto de lei das telecomunicações, ao qual ele estava tentando colocar uma emenda, já tinha ido para a sessão legislativa. Não havia maneira de o presidente da comissão reabrir o projeto de lei para incluir a emenda de Tony, porque assim estaria abrindo um precedente para todos.

Tony saiu do 220º gabinete congressional deprimido e derrotado. Ele estava prestes a desistir, quando teve um momento de sarça ardente no segundo andar do Edifício Longworth dos gabinetes da Câmara dos Representantes. Sentado no peitoril frio de mármore de uma janela com vista para o Capitólio, Tony abaixou a cabeça derrotado. Sua voz interior dizia: *Pare de perder tempo e volte para San Diego*. Então, ouviu a voz mansa e delicada do Espírito Santo. Ele relata a experiência:

> Nunca antes e desde então, Deus falou comigo de forma tão clara. Enquanto estava sentado olhando para o piso de mármore, totalmente abatido, estas palavras me foram ditas tão claramente como um sino: "Quem está fazendo isso: você ou eu?". Não sei explicar como me senti quando ouvi essas palavras, mas endireitei-me e respondi: "Tu estás, Senhor!". Imediatamente, fui cheio de mais ânimo do que quando começara pela primeira vez. Em cada um dos restantes 215 gabinetes, minhas apresentações foram dadas com renovada fé.[1]

Quando Tony fez sua última apresentação no Edifício Cannon dos gabinetes da Câmara dos Representantes, sua emenda ainda parecia uma causa perdida. Mas nada termina até Deus dizer que termina. Se foi Deus que ordenou sua causa, então a batalha pertence ao Senhor. É a vitória dEle que ganha, não a sua. Tony continua:

> Não estou exagerando quando digo estas palavras. Quando minha perna cruzou a soleira da porta, exatamente quando eu saía do 435º gabinete, meu *pager* tocou. O presidente Dingle tinha concordado em permitir que minha emenda fosse adicionada à sua lei das telecomunicações.[2]

Às vezes, Deus se mostra.
Às vezes, Deus se esconde.

Claro, pode ser que você tenha de bater em 435 portas! Ou andar 32 quilômetros!

Tony foi tomado de uma sensação eletrizante acerca do tempo impecável de Deus, a mesma descarga de adrenalina que o oficial do rei deve ter sentido depois de receber seu milagre. Ele não tinha um *pager*, mas quando ele e seus servos compararam os relógios de sol, perceberam que o milagre acontecera na fração de segundo que Jesus proclamou a cura do filho do oficial a 32 quilômetros de distância.

Contador de Calorias

Fiz o percurso de 32 quilômetros de Cafarnaum a Caná. De ônibus, não é ruim. Mas quando foi a última vez que você andou 32 quilômetros? Moro a quatro quadras do meu escritório na Colina do Capitólio, a 437 passos de porta a porta. No entanto, tenho vergonha de confessar que vou de carro na metade do tempo! Pode ser que você não seja tão preguiçoso quanto eu, mas 32 quilômetros ainda é uma boa caminhada. E Cafarnaum estava a 213 metros abaixo do nível do mar. Era uma subida até chegar a Caná.

Deixe-me traduzir este milagre em calorias.

Estou presumindo que o oficial do rei dificilmente deixava de participar das refeições, dado o seu *status* social. Na verdade, ele pode ter tido um *chef,* um criado pessoal e um chefe dos serviçais. Devia pesar alguns quilos. Tendo em vista que era uma situação crítica, tenho certeza de que não foi uma caminhada lenta. Andou a passos firmes. Insira uma inclinação de 5%, e meu contador de calorias dirá 7.500 calorias de ida e volta. Para efeito de comparação, se corrermos uma maratona gastando à razão de 100 calorias a cada 1,6 quilômetro, queimaremos 2.620 calorias. Certa vez, queimei mais de 12 mil calorias subindo a pé a cúpula de granito Half Dome, e esse é um dos dias mais cruéis de minha vida.

Meu ponto? Há milagres que requerem suor. Seu esforço não faz os milagres acontecerem, mas sua falta de esforço pode evitar que aconteçam. Nas palavras de Dallas Willard: "A graça não é o oposto do esforço, mas sim do mérito. O mérito é uma atitude. O esforço é uma ação".[3] Não se pode *merecer* um milagre, mas o *esforço* é parte da equação. Você pode ter de andar 32 quilômetros morro acima, mas o esforço extra pode ser o catalisador para o milagre.

O LADRÃO DE TÚMULOS

Você está disposto a bater em 435 portas? Encher seis talhas de pedra? Andar 32 quilômetros morro acima?

Muitos seguem a Jesus até o ponto da inconveniência, porém não mais que isso. Estamos mais do que dispostos a seguir Jesus, contanto que isso não mude nossos planos. Mas foi a disposição de ser inconveniente que definiu o bom samaritano. Foi assim que ele se tornou o milagre de outra pessoa. Muitos milagres não acontecem nas principais avenidas. Acontecem nas estradas de terra batida, a cerca de 32 quilômetros da cidade.

Se há uma lição a ser aprendida com o oficial do rei é esta: *se você quiser experimentar um milagre, às vezes, terá de fazer as coisas não do seu jeito.* Não estou dizendo que você tem de fazer uma peregrinação a algum lugar sagrado, entretanto não espere que o milagre chegue até você. Vá buscá-lo. É nossa preguiça que impede que muitos milagres aconteçam. Você tem de andar a segunda milha. Faça todos os esforços para ficar bem perto do poder de cura de Jesus. Foi o que fez a mulher que padecia de um fluxo de sangue. Ela lutou para passar pela multidão a fim de tocar na orla das vestes de Jesus.[4] Foi o que fez a mulher com o vaso de alabastro com unguento. Ela invadiu uma festa na casa de um fariseu.[5] Foi o que fizeram os quatro amigos do paralítico. Fizeram uma ponte aérea para transportar o amigo através de um buraco no telhado.[6]

Às vezes, Deus só quer ver se você é sério!
Você está disposto a andar até Caná?

De Novo e de Novo

Desde que escrevi *A Força da Oração Perseverante*, já ouvi centenas de testemunhos de respostas milagrosas à oração. O denominador comum entre eles é a perseverança na oração. Aqueles que recebem uma resposta continuam rodeando sua Jericó até os muros caírem. Não só oraram como se dependesse de Deus; também trabalharam como se dependesse deles. Não apenas sonharam grande;

À Hora Sétima

também oraram bastante. Muitos não receberam a resposta após o primeiro pedido, mas continuaram orando.

Lembra-se da história de Jesus curando o cego com lodo?[7] É um dos milagres mais encorajadores nos Evangelhos, porque exigiu duas tentativas. Até Jesus teve de orar mais de uma vez! A primeira oração resultou em um milagre parcial, mas Jesus não ficou satisfeito com uma acuidade visual baixa ou moderada. Então, levantou os olhos e orou pela segunda vez por um milagre de visão normal: "Então, novamente lhe pôs as mãos nos olhos".[8]

A palavra-chave é "novamente". Pelo que você precisa orar novamente? E vezes e vezes sem conta? Alguns milagres acontecem em etapas; até os milagres de cura. Se você receber uma cura parcial ou alívio parcial, louve a Deus. Mas não se contente com a metade de um milagre! Continue orando para que o milagre inteiro aconteça. Às vezes, deixamos que o medo nos impeça de orar por um milagre, porque sentimos que teremos fracassado se Deus não responder da maneira que queremos. Não é fracasso, porque a resposta não depende de nós. A única maneira de podermos fracassar é não orar.

Já perdi a conta de quantas vezes orei a Deus para que me curasse da asma. Não aconteceu, mas significa que parei de orar? Resignei-me ao fato de que a cura está nas mãos de Deus. Esse é trabalho dEle, não meu. Meu trabalho é continuar a orar. Afinal, Deus não responderá 100% das orações que não fazemos.

Em recente viagem a Israel, visitei a sinagoga de Cafarnaum, onde Jesus realizou vários milagres. Fizemos um culto de cura ali mesmo, e me senti levado a orar pela minha cura mais uma vez. Se eu estivesse escrevendo o roteiro, não teria pensado em maneira mais dramática de finalmente ter a resposta à minha oração de uma vida inteira. Mas a cura não aconteceu. Claro que senti uma pontada de decepção, quando, mais tarde, naquele dia, tive de usar meu inalador, mas vou continuar a orar. Quando, onde e como Deus decidir responder é com Ele. Pode ser que eu não experimente a cura deste lado do céu, mas enquanto Deus me der fôlego para respirar, vou continuar a orar.

O LADRÃO DE TÚMULOS

350 Rodeios

Como pastor e escritor, recebo mais pedidos de oração do que posso acompanhar, mas faço o melhor que posso para honrar a cada um. Há pedidos que representam mais sofrimento do que posso imaginar. Só me sento à minha mesa e choro em oração sobre eles. Outros tocam minhas emoções, porque me identifico com o pedido. Um desses pedidos veio de um amigo cujo filho precisava de um decisivo transplante de rim.

O transplante foi marcado para ocorrer no Hospital Batista em Oklahoma City, em 11 de fevereiro de 2013. Um mês antes do transplante salvador, os médicos informaram à família e amigos que Marquise não estava mais qualificado para o procedimento experimental e, por causa disso, o transplante foi cancelado. Foi algo difícil de aceitar, mas essa notícia devastadora lhes fortaleceu a determinação.

Paul Anderson, o doador do rim, recebeu o livro *A Força da Oração Perseverante* dois dias após o procedimento ter sido cancelado. Leu-o durante a noite, terminando o livro pela manhã. Foi quando ele rodeou o Hospital Batista. Ao longo de 160 dias, Paul rodeou esse hospital como se fosse a própria Jericó. Ele registrou mais de 560 quilômetros, rodeando o hospital 350 vezes! É o equivalente a 15 viagens entre Cafarnaum e Caná.

Em 17 de junho de 2013, Paul recebeu a resposta, e Marquise recebeu o rim de Paul.

Aqui está o resto da história.

Mais de uma década antes, Jim, o pai de Marquise, deu seu testemunho em um retiro de homens no Parque Estatual de Roman Nose. Um dos participantes, Paul Anderson, não tinha ideia do que estava fazendo ali. Sua vida era um desastre. Paul estava muito longe de Deus, mas as palavras de Jim o tocaram na hora certa.

As palavras de Jim salvaram a vida de Paul. Treze anos mais tarde, o rim de Paul salvaria a vida do filho de Jim.

Como o oficial do rei, que percorreu a pé o caminho até chegar a Caná, Paul rodeou a pé o Hospital Batista. Andando a 5 quilômetros

por hora em média, Paul queimou cerca de 125 calorias por volta. Multiplicado por 350, ida e volta, dá um total de 43.750 calorias!
No Reino de Deus, o que vai, volta. Se você continuar a orar repetidamente, sua vida se transformará em um carrossel de milagres.

De Volta a Caná

Minha primeira visita à Disney World, em Orlando, Flórida, foi um dos momentos mais memoráveis da minha infância. Não é à toa que é chamada de Reino Mágico. É o lugar mais mágico da terra. Sempre que volto, as memórias e emoções multiplicam-se como juros compostos. Caná tinha essa mesma qualidade. Talvez seja por isso que Jesus sempre voltava.

Dirigiu-se, de novo, a Caná da Galileia.[9]

O segundo milagre aconteceu bem perto do primeiro milagre. Não acho que seja coincidência. Milagres ocorrem em grupos espaço-temporais. Há épocas determinadas e lugares específicos onde Deus manifesta sua presença de forma jamais vista. Caná era um desses lugares. Era difícil não ter fé em Caná, porque o aroma de vinho ainda estava no ar. Duvido que tenham bebido toda aquela quantidade de vinho que Jesus milagrosamente criara na festa de casamento.

Há lugares onde é difícil não ter fé. É por isso que oro no telhado da cafeteria Ebenézer. Tenho um pouco mais de fé quando estou andando para lá e para cá em cima de um milagre que Deus já fez. Ele transformou uma casa de crack em uma cafeteria que serve mais de um milhão de clientes e já rendeu quase 1 milhão de dólares em lucro líquido. Isso me ajuda a crer que Deus fará milagres ainda maiores e melhores, porque estou em pé sobre os ombros de um milagre que Deus já fez.

Você acha que Davi nunca voltou ao vale de Elá, onde ele derrubou Golias com um seixo? Será que Moisés nunca voltou ao lugar onde estava a sarça ardente? Será que Pedro nunca voltou a remar no mar da Galileia até ao local onde andou sobre as águas? Será que Lázaro nunca colocou flores frescas sobre o túmulo onde ficou morto por quatro dias?

Quando esquecemos a fidelidade de Deus, perdemos a fé. É por isso que temos de voltar aos lugares onde Deus fez milagres em nossa vida.

Quando você perde o caminho ou perde a fé, você precisa voltar às sarças ardentes de sua vida.

Volte para o segundo andar do Edifício Longworth dos gabinetes da Câmara dos Representantes.

Volte para o Hospital Batista.

Volte para Caná.

O TERCEIRO SINAL

Depois disso, havia uma festa entre os judeus, e Jesus subiu a Jerusalém. Ora, em Jerusalém há, próximo à Porta das Ovelhas, um tanque, chamado em hebreu Betesda, o qual tem cinco alpendres. Nestes jazia grande multidão de enfermos: cegos, coxos e paralíticos, esperando o movimento das águas. Porquanto um anjo descia em certo tempo ao tanque e agitava a água; e o primeiro que ali descia, depois do movimento da água, sarava de qualquer enfermidade que tivesse. E estava ali um homem que, havia trinta e oito anos, se achava enfermo. E Jesus, vendo este deitado e sabendo que estava neste estado havia muito tempo, disse-lhe: Queres ficar são? O enfermo respondeu-lhe: Senhor, não tenho homem algum que, quando a água é agitada, me coloque no tanque; mas, enquanto eu vou, desce outro antes de mim. Jesus disse-lhe: Levanta-te, toma tua cama e anda. Logo, aquele homem ficou são, e tomou a sua cama, e partiu. E aquele dia era sábado.

— João 5.1-9

Capítulo
10

MUITO SUPERSTICIOSO

Senhor, não tenho homem algum que, quando a água é agitada, me coloque no tanque; mas, enquanto eu vou, desce outro antes de mim.
— João 5.7

*E*m 1939, George Dantzig matriculou-se como estudante de pós-graduação na Universidade da Califórnia, Berkeley, para estudar estatística com Jerzy Neyman, professor de origem polonesa. No início de uma aula, Neyman escreveu na lousa dois famosos problemas insolúveis. Aconteceu que, naquele dia, George chegou atrasado para a aula, perdendo as palavras introdutórias do professor. Pensando erroneamente que os problemas insolúveis eram dever de casa, transcreveu-os no caderno e começou a trabalhar. Demorou um pouco mais do que o previsto, mas George Dantzig essencialmente resolveu ambos. Em um domingo de manhã, seis semanas depois, um extasiado Dr. Neyman bateu na porta da casa de George para contar a notícia. Um George desnorteado se desculpou, pensando que a lição estava atrasada. Foi quando Neyman informou a George que ele havia solucionado dois dos problemas de estatística insolúveis.[1]

Com a eclosão da Segunda Guerra Mundial, George Dantzig tirou licença de Berkeley para servir na Força Aérea dos Estados Unidos como especialista civil em planejamento e programação de atividades de combate. Depois de terminar seu doutorado em 1946,

O LADRÃO DE TÚMULOS

George voltou a Washington, onde trabalhou como conselheiro matemático para o Departamento de Defesa. Em 1966, George juntou-se ao corpo docente da Universidade de Stanford como professor de pesquisa operacional e ciência da computação. George Dantzig recebeu inúmeros prêmios durante sua distinta carreira, incluindo a Medalha Nacional de Ciências em 1975. Por sua pesquisa inovadora na programação linear, a Sociedade de Programação Matemática estabeleceu o prêmio George B. Dantzig em 1982. As ferramentas que Dantzig desenvolveu moldaram a maneira como as companhias aéreas programam a escala de suas frotas, as companhias de navegação posicionam seus caminhões, as companhias petrolíferas administram suas refinarias e as empresas gerenciam suas projeções de receita. O legado de Dantzig é sentido por toda parte, mas a gênese de seu gênio pode ser rastreada a um momento seminal como estudante de estatística. Em suas palavras: "Se alguém tivesse me dito que eram dois famosos problemas insolúveis, não teria sequer tentado resolvê-los".[2]

Fazemos muitas pressuposições falsas sobre o que *é* e o que *não é* possível. George Dantzig resolveu esses problemas insolúveis porque não sabia que não podiam ser feitos. É aí que reside um dos segredos para experimentar o milagroso.

Jesus disse: "A Deus tudo é possível".[3] E só para se certificar de que entendemos bem, a declaração está invertida em Lucas 1.37: "Para Deus nada é impossível". Sempre que a Bíblia diz a mesma coisa duas vezes, essa coisa é duplamente importante. A palavra *impossível* não pertence ao nosso vocabulário. Aos ouvidos de Deus, é um insulto. É a principal razão pela qual não experimentamos o milagroso. Permitimos que nossas pressuposições lógicas triunfem sobre nossas crenças teológicas. E antes que nos demos conta, nossa realidade é definida pela pressuposição humana, e não pela revelação divina. Deixe-me voltar a essa verdade simples: Jesus pode tornar o seu impossível possível!

Experimentar o milagroso é mais do que o poder do pensamento positivo. *Acho que posso, acho que posso, acho que posso* nem

sempre coloca o trem nos trilhos como no filme *O Pequeno Motorzinho*. Certamente não é algum truque mental. Mas acho que Henry Ford tinha razão quando disse: "Se você pensa que pode ou se você pensa que não pode, de qualquer forma, você tem razão". Não se trata de mente sobre a matéria. Trata-se de fé sobre a matéria. A fé não ignora o diagnóstico do médico.
Não obstante, a fé procura a segunda opinião do Médico dos médicos.

A Segunda Opinião

— Você nunca mais vai andar.
Essas palavras ecoaram nos ouvidos da mente do paralítico por 38 anos.

A Bíblia não revela o que aconteceu se foi um defeito de nascença ou transtorno genético ou acidente. Mas o paralítico não se levantava sozinho por quase quatro décadas!

É um longo tempo em qualquer medida, mas deve ter parecido mais longo ainda 2 mil anos atrás, quando a expectativa de vida era de 28 anos. Essa expectativa é distorcida por taxas de mortalidade infantil no mundo antigo, mas mesmo que o indivíduo comemorasse seu segundo aniversário, a expectativa subia só para 40 anos. O que quero dizer com isso? O paralítico já tinha passado o melhor da vida. Na verdade, estava vivendo nos acréscimos. Pergunto-me se foi por isso que Jesus o escolheu. O homem estava sentado à beira do tanque de Betesda mais tempo do que qualquer um podia se lembrar, mas foi assim que Jesus provou que seu poder não conhece lógica ou limites cronológicos. Nunca é tarde demais quando você se volta para aquEle que pode voltar no tempo!

O paralítico estava desorientado. Sua condição física era incurável, e seu caso, insolúvel. Contudo, essa é a especialidade do Médico dos médicos. A despeito dos diagnósticos que o paralítico já tivesse recebido, Jesus prescreve uma receita simples:

O LADRÃO DE TÚMULOS

Levanta-te, toma tua cama e anda.[4]

Já viu um bebê aprendendo a andar? É uma das mais simples e maiores alegrias da vida, sobretudo para os pais. Mas sejamos honestos, não é bonito. Ver um bebê dar os primeiros passos é como assistir a uma pessoa tonta andar na prancha. Ele oscila e cambaleia como ninguém. Aos olhos da minha mente, é assim que vejo esta cena milagrosa se desenrolando no Evangelho de João. O paralítico está com muita vontade de fazer uma coisa que nunca fez. Aqueles que testemunharam estavam rindo tanto que estavam chorando. Mas as lágrimas de riso se transformaram em lágrimas de emoção ao verem o deficiente fazer algo que nunca fez: saltar de alegria como uma criança.

Não importa a gravidade do diagnóstico ou por quanto tempo você tem a deficiência física. Nunca é tarde demais! Se você estiver respirando, então significa que Deus não terminou a obra. Você ainda não passou pelo melhor momento de sua vida. Entretanto, se você quiser uma segunda chance, precisará procurar uma segunda opinião — a opinião de Deus.

Deus Já Fez

Quando Ethan estava no jardim de infância, um teste de audição padrão revelou que ele tinha perda auditiva profunda no ouvido direito. A consulta ao especialista de ouvidos, nariz e garganta revelou que o tímpano direito fora rompido. A viagem ao Hospital Infantil da Filadélfia resultou em um diagnóstico ainda mais devastador: Colesteatoma, um tumor destrutivo e agressivo no ouvido médio que exigiria cirurgia.

Em 10 de junho de 2011, Ethan passou por uma cirurgia de sete horas para removê-lo. Foi quando os médicos descobriram que o tumor tinha corroído o tímpano, os ossos dentro do tímpano e o canal auditivo. Estava perigosamente perto de atravessar o revestimento do cérebro. Apesar de meia dúzia de cirurgias no período de dois

Muito Supersticioso

anos, os médicos concluíram que sua condição exigiria uma craniotomia mais radical. O pensamento de médicos fazendo cirurgia de crânio aberto em seu filho colocou Jason e Amy de joelhos. No entanto, em vez de permitir que cada cirurgia lhes abalasse a fé, eles continuaram a cair com o rosto em terra e a clamar por misericórdia.

Certo dia, Amy estava lendo o devocional diário *O Chamado de Jesus*, quando Ethan entrou no quarto e perguntou-lhe o que estava escrito no dia do seu aniversário. Amy encontrou a página de 20 de agosto e leu estas palavras: "Eu sou o Deus que cura. Curo corpos quebrados, mentes estilhaçadas, corações partidos, vidas e relações desfeitas. A minha Presença tem enormes poderes curativos. Você não pode viver perto de mim sem sentir certo grau de cura".[5] Amy começou a chorar no segundo em que leu. Sentindo que a promessa era para ela, disse a Ethan:

— Eu creio que Deus está nos dizendo que vai curá-lo.

Ela perguntou a Ethan se ele achava que Deus faria isso, e o Ethan de oito anos de idade respondeu:

— O homem só pode ter esperança!

Desse momento em diante, a declaração de Amy foi: *Deus já fez!*

Amy e Jason, juntamente com os irmãos e irmãs da igreja, começaram a rodear Ethan em oração. Em 7 de junho de 2013, Ethan foi rodeado na sala de cirurgia. Durante a cirurgia eletiva de quatro horas, era procedimento cirúrgico padrão uma enfermeira fornecer atualizações para a família a cada 45 minutos. Foi o que a enfermeira de Ethan fez durante o pré-operatório, mas então as atualizações pararam misteriosamente. Quando fazia seis horas de cirurgia, Amy e Jason estavam ficando nervosos. Quando a enfermeira saiu da sala de cirurgia, disse-lhes que o médico não estava lhe dando informações nesse momento. Foi somente sete horas após Ethan ter entrado em cirurgia que o cirurgião estupefato informou à família que não havia evidências físicas da doença. A tomografia computadorizada feita antes da cirurgia era diferente da tomografia computadorizada que haviam feito meses antes. O colesteatoma estava longe de ser encontrado, e as partes do ouvido interno que foram corroídas pelo tumor estavam regeneradas. O médico coçou a cabeça e disse que não havia explicação. Nas palavras de Amy:

> Dizer que fiquei em estado de choque seria um eufemismo. Olhamos um para o outro em total espanto. Oramos por isso fervorosamente, mas ainda estávamos surpresos quando Deus respondeu às orações. Pelo que todos os médicos dizem, não é mesmo possível. Os ossos do crânio não se restauram, e o colesteatoma não acaba espontaneamente. Não é fisicamente possível. Mas é possível para Deus.[6]

Deus já fez.

Continue a Lutar em Oração

Para cada história de cura milagrosa como a de Ethan, há dezenas de histórias que não acabam assim. A cura é a exceção, não a regra. Tratarei das exceções quando examinarmos o sexto milagre: o cego de nascença. Mas, por ora, deixe-me contar uma regra de ouro: *Deus não responderá 100% das orações que você não fizer.* Se você presume que a resposta é não, você não precisa nem dar a Deus a oportunidade de dizer sim.

Imagine um jogador profissional de beisebol recusar-se a ficar na área do rebatedor, porque não consegue rebater a bola. Entretanto, é assim que muitos de nós abordamos a oração. Permitimos que nossos "golpes no ar" nos impeçam de continuar a lutar em oração! Confie em mim, minha média de rebatidas de oração não é melhor do que ninguém. Golpeio com o taco de beisebol e erro o tempo todo, mas se vou errar, vou errar tentando.

Ty Cobb, um dos grandes rebatedores de beisebol de todos os tempos, tinha uma média de rebatidas na carreira de 0,367. Quando estava na casa dos 70 anos, Cobb participou de um jogo de veteranos, e um repórter presumivelmente perguntou-lhe:

— Qual seria sua média de rebatidas se você estivesse jogando beisebol hoje?

— Cerca de 0,310, talvez 0,315 — respondeu Cobb.
O repórter supôs:
— É por causa das viagens, jogos noturnos, grama artificial e novas modalidades de arremessos como o arremesso deslizante, certo?
Cobb disse:
— Não. Eu rebateria só 0,300, porque tenho 72 anos de idade.[7]
Gosto dessa mentalidade.
Grandes rebatedores têm memória curta, memória seletiva. Como tem quem possui grande fé. Não importa quantas vezes "golpeie no ar", a fé faz com que você continue a orar. Se você quiser experimentar o milagroso, terá de encarar o fato de que *quem, quando, onde e como* não dependem de você. Você não pode responder suas próprias orações. Mas se você não orar a Deus, Ele também não poderá responder!

Quando examino a Bíblia, parece-me que os milagres acontecem com pessoas que fazem o menor número de pressuposições. Josué não presumiu que o sol não poderia ficar parado.[8] Eliseu não presumiu que machados de ferro não flutuam.[9] Maria não presumiu que virgens não ficam grávidas.[10] Pedro não presumiu que não podia andar sobre as águas.[11] E Jesus não presumiu que a morte era o fim da vida.[12]

À medida que você cresce cada vez mais na fé, você faz cada vez menos pressuposições!

O Milagre Errado

Quando eu estava na oitava série, uma equipe de visitação da Igreja do Calvário em Naperville, Illinois, bateu à nossa porta. Éramos novos na igreja, e eles queriam saber se havia alguma coisa sobre a qual poderíamos "concordar em oração". Tive um caso crônico de asma que resultara em meia dúzia de internações ao longo da minha infância. Pedimos-lhes que orassem a Deus para me curar.

Décadas mais tarde, ainda tenho asma. Mas algo inesquecível aconteceu naquela noite. Quando acordei na manhã seguinte, todas as verrugas nos meus pés tinham desaparecido! Não estou brincando. Meu primeiro pensamento foi que devia ter havido algum tipo de confusão entre a terra e o céu, porque não recebi o que pedi. Foi quando ouvi a voz inaudível, porém inconfundível de Deus pela primeira vez na vida: "Só para você saber do que sou capaz".

Deus é capaz.

Essa é a minha única pressuposição.
Qualquer outra pressuposição é falsa.
Ele é o Deus que pode tornar o impossível possível.

Não ouço a voz de Deus tão frequentemente ou tão claramente quanto gostaria. Mas é difícil duvidar depois de uma experiência como essa. Deus nem sempre responde minhas orações como quero ou quando quero, mas vivo com uma convicção inabalável de que Ele é capaz.

Cinco Dedos

Na última vez que nossa família esteve na Etiópia, meu amigo Zeb Mengistunos falou sobre uma recente onda de milagres de cura. Algo marcante sobre visitar um país como a Etiópia é o número de pessoas com deformidades físicas bem visíveis. A razão mais óbvia é que eles não têm soluções cirúrgicas para os problemas físicos como há nos Estados Unidos.

As necessidades físicas são muito semelhantes, em termos de tamanho e escopo, às que Jesus teria encontrado há 2 mil anos. Talvez seja por isso que a cura física é mais comum em países do terceiro mundo do que nos países do primeiro mundo. Claro que pode ter algo a ver com o fato de que eles têm mais fé e fazem menos pressuposições. Eles não sabem o que Deus não pode fazer!

Durante a visita, o pastor Zeb contou uma das curas documentadas. Um menino sem dedos em uma das mãos foi levado a um culto. Sua mão, literalmente, tinha cinco tocos, mas isso não os impediu de orar por ele. O pastor que estava dirigindo o culto orou pelo menino, virou-se e começou a se afastar. Foi quando ele ouviu um estalo, seguido por outro, e outro, e outro, e outro. A multidão começou a aplaudir quando viram cinco novos dedos saindo da mão do menino.

Por que não testemunhamos milagres como esse? Uma resposta simples é a falsa pressuposição de que não acontecem ou não podem acontecer! Não temos fé nem mesmo para pedir, então podemos contar esse tipo de milagre com os dedos da mão. Mas se tivéssemos mais fé, veríamos mais milagres de proporções bíblicas! Como Nick Vujicic, precisamos manter um par de sapatos no armário. Ou, neste caso, um par de luvas!

Falsas Pressuposições

As atuais escavações arqueológicas descobriram o que se acredita ser o antigo tanque de Betesda. Localizado perto da Porta das Ovelhas, o complexo de dois tanques tinha 6 metros de profundidade e era tão grande quanto um campo de futebol. Cercado por cinco colunatas cobertas que davam sombra do sol do Oriente Médio, era um local de encontro habitual no Israel do século I.

Por 38 anos, uma autorização de estacionamento para deficientes jazia na janela do paralítico. Ele tinha um lugar reservado no tanque de Betesda. Dia após dia, mendigava dinheiro dos banhistas. Era raro fazerem contato visual com ele, mais raro ainda lhe darem uma esmola. Mas uma coisa o fazia voltar; uma coisa mantinha a esperança viva. Muito raramente, as águas eram agitadas. A causa da agitação eram, sem dúvida, as fontes intermitentes que abasteciam o tanque, mas uma superstição surgiu em torno da agitação. Havia quem acreditasse que a agitação era causada por anjos. O primeiro a entrar na água depois de a água ser agitada era o vencedor!

Como uma cena de tragicomédia, centenas de inválidos rastejavam-se, arrastavam-se e atacavam-se para chegar à água, esperando ser o primeiro. Mas a verdadeira tragédia era que nem mesmo era verdade! Não importava quem chegasse primeiro ou por último. Era falsa esperança baseada em falsa pressuposição. Embora seja fácil desdenhar essas superstições tolas, todos conhecemos alguém que usa meias da sorte no dia do jogo, joga na loteria no dia do aniversário e é muito cauteloso em fazer planos na sexta-feira 13. Todos temos nossas superstições de estimação. Ainda que as superstições pareçam invocar o sobrenatural, na verdade o revogam. Qualquer coisa menor do que 100% de confiança no poder miraculoso de Deus basta para que Ele faça um curto-circuito no sobrenatural.

O oposto da crença não é só incredulidade.
É a falsa crença.

A maior deficiência do paralítico não era física. Sua deficiência mais debilitante era mental. Era a falsa pressuposição de que ele precisava ser o primeiro a entrar no tanque de Betesda quando a água era agitada. Cometemos o mesmo erro, não? Continuamos tentando o que não está funcionando. O que precisamos é de alguém que nos confronte e pergunte: *Como é que isso funciona para você?*

Se você deseja que Deus faça uma coisa nova, não pode continuar fazendo a mesma coisa velha. Se você quer experimentar o milagroso, precisa desaprender toda pressuposição que você já fez, exceto uma.

Deus é capaz.

Capítulo

11

PROFECIAS AUTORREALIZÁVEIS

Queres ficar são?
—João 5.6

E*m novembro de 2004, um grupo de pesquisadores e profissionais médicos de elite reuniram-se para fazer uma conferência a portas fechadas na Universidade Rockefeller, em Nova York. O objetivo do encontro era reunir os mais brilhantes pensadores do mundo em um lugar para resolver a crise da saúde pública, mas o desfecho foi simultaneamente encorajador e desencorajador. Foi encorajador, porque a maioria dos problemas de saúde *não* são causados por fatores fora de nosso controle. Foi desencorajador pela mesma razão! Os peritos concluíram que não poderiam resolver os nossos problemas para nós. Só nós podemos resolvê-los. Infelizmente, escolhemos não resolvê-los. Estudos médicos após estudos médicos identificam cinco questões comportamentais que causam 80% dos problemas de saúde: comer demais, beber demais, fumar e estresse em demasia, além de não fazer exercícios.[1]

É simples assim.
É difícil assim.

Com pequenas mudanças, resolveríamos a maioria dos nossos grandes problemas de saúde. Mas não queremos. Não quero dizer como um *desejo* ou *capricho*. Todos desejamos que nossos problemas acabassem quando nos desse na veneta. Porém, é preciso mais do que um desejo ou capricho para experimentar mudança duradoura. Aqui está minha definição funcional de querer: o desejo santificado e a correspondente disciplina para fazer o que precisa ser feito, pouco importando a dificuldade e o tempo que leve. Não importa o objetivo que você procura alcançar ou o problema que procura resolver, você tem de *querer* mais do que a dor que será infligida no processo de tentar obter seja o que for.

É aí que nove em cada dez de nós ficam aquém das expectativas, de acordo com o Dr. Edward Miller, o décimo terceiro reitor da Faculdade de Medicina da Universidade de Johns Hopkins. Mais de um milhão e meio de americanos submetem-se a um enxerto de derivação coronariano a cada ano. Ainda que a angioplastia alivie muitos dos sintomas das artérias obstruídas, é uma correção temporária. Sem mudança de hábitos alimentares e de exercícios, os benefícios de saúde são de curta duração. Os pacientes são informados disso à queima-roupa. No entanto, Miller observa: "Se dois anos depois examinarmos as pessoas que se submeteram à cirurgia para a revascularização miocárdica, 90% não mudaram de estilo de vida".[2]

Ouso dizer que cada uma dessas pessoas quer viver, mas não o suficiente para mudar. Se os números estão corretos, nove em cada dez pessoas preferem morrer a mudar! Jesus sabia disso muito antes de existir um estudo que tratasse a respeito.

À Queima-roupa

A capacidade de Jesus formular a pergunta certa no momento certo é nada menos do que arte. Ele poderia ter ensinado Sócrates o método socrático. Teria sido imbatível nas vinte perguntas! Claro que a habilidade de ler mentes, que Ele demonstrou uma ou duas vezes, era uma vantagem injusta.

Os Evangelhos registram 183 ou mais perguntas, dependendo da tradução escolhida. Ainda que se classifiquem em um importante

Profecias Autorrealizáveis

leque de categorias, algumas das mais pungentes são perguntas à queima-roupa. Uma delas é o catalisador para o terceiro milagre. Jesus pergunta ao paralítico:

> *Queres ficar são?*[3]

Em certo nível, a pergunta é um pouco cruel, não? É como aumentar ainda mais a deficiência. Lógico que ele quer ficar são! Mas não é essa a pressuposição que Jesus fez. Ele sabia melhor. Você não pode ajudar alguém que não quer ser ajudado, pouco importando o quanto precise. O ladrão na cruz, aquele que disse palavras insultuosas, é um caso em questão. Ele estava a uns dois metros da salvação, mas amaldiçoou o único que poderia tê-lo ajudado.[4]

Ao longo dos anos, tenho cultivado amizades com pessoas que moram nas ruas de Washington. Tenho feito mais do que dar alguns dólares aqui e ali. Oferecemos refeições. Contamos histórias. Uma das verdades dolorosas que vim a perceber é que há pessoas que querem ajuda, ao passo que outras não. Isso não ocorre apenas com quem mora nas ruas. Você não pode ajudar quem não se ajuda, pouco importando quem seja. Alguns dos meus amigos sem-teto conseguiram casa e emprego. Na verdade, um deles participa na liderança do ministério dos sem-teto na Igreja da Comunidade Nacional. Mas, para cada história de sucesso, há alguns que resistem à mudança, até mesmo a mudança para melhor. Preferem viver à custa do estado previdenciário do que conseguir um emprego, ter uma casa e melhorar.

É fácil acostumar-nos com nossas muletas, não é? Ou no caso do paralítico, nos ajustar à nossa esteira de 0,60 por 1,20 metro. O mundo do paralítico era de 0,72 metro quadrado. Ele passava pela mesma rotina dia após dia após dia. Ainda que nos seja monótono, era também seguro. Na verdade, sua esteira era também seu cobertor de segurança. Mas se você quer melhorar, não pode ficar sentado em seu cobertor de segurança. Você não pode continuar a fazer as mesmas coisas, ir para os mesmos lugares ou sair com as mesmas pessoas. Você tem de se livrar de sua esteira — enrole-a e jogue-a fora.

Você quer ser curado? Essa pergunta levanta algumas questões entranhadas. Para o paralítico, melhorar significava conseguir um emprego. Significava usar as pernas curadas. Significava assumir novo nível de responsabilidade diante da sociedade. Como todas as bênçãos de Deus, essa vem com o peso da responsabilidade para administrar.

Amor Duro

Às vezes, precisamos de alguém que nos esbofeteie! Pode ferir nosso ego, mas se a verdade é falada em amor, pode curar nossa alma. Foi exatamente o que um estagiário de 22 anos de idade fez comigo no começo de meu ministério pastoral. Ele confrontou o orgulho que detectou em mim. Parte de mim queria mostrar o que estava errado com ele! Como ousa um estagiário colocar em dúvida minha integridade? O problema era que ele tinha razão. Não gostei quando disse, mas lembro desse momento estranho como um momento decisivo para mim. Tenho o maior respeito por esse estagiário e por toda pessoa que teve a coragem de me desafiar ao longo dos anos.

Na minha experiência, os melhores amigos fazem as perguntas mais incômodas. Por perguntas incômodas quero dizer amor duro! Nas palavras de Provérbios 27.6: "Fiéis são as feridas feitas pelo que ama, mas os beijos do que aborrece são enganosos". Não se cerque de pessoas que bajulam umas às outras. Você precisa de pessoas que o confrontem, que se intrometam na sua vida!

Você quer ser curado?

Se quer, então precisa ouvir o que você não quer ouvir e fazer o que você não quer fazer. Não espere que Deus faça o sobrenatural se você não estiver sequer disposto a fazer o natural. Você tem de fazer a sua parte para que Deus faça a dEle. Como o paralítico, você tem de estar disposto a fazer o que lhe cabe fazer. Só Deus pode realizar milagres. No entanto, quase sempre há um elemento humano envolvido.

Lembre-se: Naamã teve de mergulhar no rio Jordão sete vezes.[5] A mulher com o fluxo de sangue teve de se esforçar para passar pela multidão a fim de chegar bem perto de Jesus e tocar na orla de suas vestes.[6] Os discípulos tiveram de puxar as redes e lançá-las do outro lado do barco.[7]

Há milagres que requerem amor duro.
Há milagres que requerem tempo.
Há milagres que requerem esforço extra.
Há milagres que requerem sangue, suor e lágrimas.

Atrofia

Durante minha carreira de basquete na faculdade, fiz a cirurgia reconstrutiva do ligamento cruzado anterior rompido de ambos os joelhos. O momento mais doloroso foi sair da cama pela primeira vez após a cirurgia. Você já sentiu o sangue correr para os braços ou pernas depois de deixá-los elevados por muito tempo ou ter trancado a circulação? A dor foi tão aguda que quase desmaiei. Agora imagine o paralítico firmar-se sobre os pés depois de 38 anos de deficiência. Não foi apenas uma descarga de adrenalina. Foi uma descarga de sangue.

Ainda que o enxerto ligamentar nos joelhos ficasse curado em questão de meses, levei muito mais tempo para recuperar os músculos que haviam atrofiado. Se você já teve de ficar com gesso ou de cama, então sabe do que estou falando. Leva uma eternidade para fortalecer os músculos, mas não custa nada atrofiá-los. Na verdade, eu usava um aparelho de estimulação elétrica pós-cirúrgico para provocar as contrações musculares por impulsos elétricos. O paralítico não tinha nada disso! Suas pernas eram pele e osso. Ele não tinha músculo. E mais significativamente, ele não tinha memória muscular!

Aceitamos o ato de andar como algo natural. Entretanto, é mais exatamente uma façanha neuromusculoesquelética. Só o ato de parar em pé requer uma coordenação maravilhosa entre sistemas sensoriais altamente sofisticados. As pequenas estruturas do ouvido interno regulam o equilíbrio, os proprioceptores nas articulações detectam pequenas mudanças no alinhamento, e os olhos fornecem informação visual sobre a orientação do corpo no espaço.[8] Parar em pé não é tarefa simples, mas a deambulação é ainda mais surpreendente.

Quando andamos, funcionamos como um pêndulo invertido. A energia cinética do movimento (massa x velocidade^2 ÷ 2) é transformada em energia potencial gravitacional (massa x gravidade x altura). Se fôssemos um pêndulo perfeito, converteríamos a energia cinética em energia potencial e vice-versa, sem perder uma caloria. Mas somos apenas 65% de um pêndulo perfeito, o que significa que 35% da energia para cada passo são fornecidos pelas calorias que queimamos. Os pássaros e os peixes são muito mais eficientes, apesar de voarem e nadarem. Mas não significa que andar seja menos milagroso do que voar ou nadar, sobretudo depois de 38 anos de ausência de atividade com as pernas! Na minha humilde opinião, o paralítico andando na terra não é menos milagroso do que Jesus andando sobre as águas.

A Lei do Requisito de Variedade

Quando Jesus disse ao paralítico que se levantasse e andasse, estava lhe pedindo que fizesse algo que não fazia há 38 anos. É o que é preciso se você quer experimentar o milagroso. Você não pode continuar fazendo o que sempre faz! Na verdade, você pode ter de fazer algo que não faz há muito tempo!

Se você quiser mudar, então terá de mudar a equação da vida adicionando ou subtraindo algo. Você terá de fazer algo menos, fazer algo mais ou fazer algo diferente.

De acordo com a lei do requisito de variedade, a sobrevivência de um sistema depende da sua capacidade de cultivar a variedade nas suas estruturas internas. Em outras palavras, você tem de ficar mudando. O equilíbrio prolongado entorpece os sentidos, embota a mente e atrofia os músculos. Seu mundo fica cada vez menor até que seu universo fica do tamanho de 0,72 metro quadrado.

O equilíbrio é ruim.
O desequilíbrio é bom.

No âmbito dos exercícios, as rotinas tornam-se contraprodutivas. Se você exercitar os mesmos músculos da mesma forma todas as vezes, os músculos vão se adaptar e pararão de crescer. O benefício resultante diminui. O que você precisa fazer é desorientá-los. O mesmo diz respeito ao âmbito espiritual.

A rotina é uma chave para o crescimento espiritual. Chamamos esses padrões de disciplinas espirituais. Mas quando a rotina se torna rotina, você tem de mudar a rotina. Se você quiser sair de uma crise espiritual, precisará mudar alguma coisa.

Ofereça-se como voluntário em um abrigo ou casa de repouso.
Faça um diário de gratidão.
Faça um retiro pessoal.
Leia uma tradução diferente da Bíblia.
Faça um jejum de frutas e legumes de dez dias como fez Daniel.[9]

Essas pequenas mudanças de rotina fazem uma diferença radical. Mas sempre começa com o primeiro passo de fé. O primeiro passo é sempre o mais longo e o mais difícil, mas esse pequeno passo se transforma em um salto gigante.

Profecias Autorrealizáveis

O fato de o paralítico ser chamado de *paralítico* não é mero detalhe insignificante. Gostaria de me apresentar como *asmático*. Percebo que é um mecanismo gramatical usado na Bíblia com muitas pessoas cujo nome se desconhece: a prostituta com o vaso de alabastro, o cego de nascença e a mulher apanhada no ato de adultério, para citar algumas. São sinônimos de seu pecado, de sua doença.

Mas há uma lição a aprender: *não permita que o que há de errado com você o defina*. Isso não é quem você é. Quando meus filhos mentem para mim, não os chamo de mentirosos. Lembro-lhes que não é isso o que são. Claro que chamo o fato pelo que é — mentira. Porém não permito que o que fizeram de errado defina sua identidade ou destino.

A cultura em que vivemos tem a tendência a reduzir as pessoas a apelidos. Essa é uma atitude não só doentia e horrível, mas também desumanizante. Não deixe que ninguém o apelide, exceto aquEle que o fez. Siga as sugestões da Bíblia.

Você é *mais do que vencedor*.[10]
Você é a *menina do olho de Deus*.[11]
Você é *Aquele que Deus Ama*.[12]
Você é *coerdeiro com Cristo*.[13]
Você é *filho de Deus*.[14]

Se você procurasse a palavra *impetuoso* no dicionário, deveria encontrar a foto de Pedro. Ele era absolutamente falível! No entanto, Jesus lhe dá um novo nome "A Pedra".[15] Parece um equívoco, não? Nada poderia ter estado mais longe da verdade, mas Jesus redefine a identidade de Pedro e prevê seu futuro com um novo apelido. Mas no fim das contas, Pedro viveu de acordo com seu novo nome.

Esse é o poder de uma palavra profética.
Nossas palavras são muito mais poderosas do que imaginamos.

Em 1963, o arremessador de beisebol Gaylord Perry, cujo nome está na Galeria da Fama, fez um comentário improvisado antes de pisar na caixa do batedor: "Eles colocarão um homem na lua antes de eu rebater um *home run*". Essa afirmação não era totalmente infundada, tendo em vista o fato de que os arremessadores não são grandes rebatedores. Mas é bastante irônico que Gaylord Perry re-

Profecias Autorrealizáveis

bateu o primeiro e único *home run* em sua carreira de beisebol seis anos depois, em 20 de julho de 1969, apenas algumas horas depois de Neil Armstrong pisar na lua! Outra versão desta lenda do beisebol atribui essa declaração a Alvin Dark, gerente de Perry.[16] Mas de um jeito ou de outro, ilustra o princípio poderoso que é verdadeiro em todas as esferas da vida: do atletismo à economia. Para melhor ou para pior, nossas palavras duplicam-se como profecias autorrealizáveis. Profecias negativas são validadas pelo medo. Profecias positivas são validadas pela fé.

Quando Jim Carrey era um ator que lutava para ter sucesso em Hollywood, ele subia de carro a estrada Mulholland através das montanhas de Santa Mônica até chegar a um local que dava para a cidade de Los Angeles. Então, dizia para si mesmo palavras de incentivo: "Todo mundo quer trabalhar comigo. Eu sou um ator muito bom. Eu recebo todos os tipos de grandes ofertas para fazer cinema". Se você já assistiu a seus filmes, é fácil imaginá-lo fazendo isso, não? O vencedor de dois Globos de Ouro lembrou: "Eu repetia palavras como essas inúmeras vezes, literalmente convencendo-me de que eu tinha alguns filmes para fazer. Então, descia a montanha de carro, pronto para enfrentar o mundo". Como declaração de fé, Jim Carrey preencheu para ele mesmo um cheque no valor de 10 milhões de dólares pré-datado para o Dia de Ação de Graças de 1995, e na linha do "referente a" escreveu: "Por serviços prestados". Então, colocou o cheque na carteira para se lembrar do sonho toda vez que a abrisse. Quando chegou o Dia de Ação de Graças de 1995, o valor inicial para contratar Jim Carrey era de 20 milhões de dólares por filme.[17]

Claro que não estou sugerindo que você pode falar o que quiser que virá à existência por intermédio de suas palavras. Só Deus pode fazer isso. Mas se suas palavras estiveram de acordo com a Palavra de Deus, os milagres acontecerão. Você dirá o que Jesus disse e fará o que Jesus fez. Foi precisamente o que Pedro fez. Ele presenciou o paralítico ser curado e seguiu o exemplo não muito tempo depois. A caminho do templo um dia, Pedro encontrou um homem que era

O LADRÃO DE TÚMULOS

coxo de nascença, sentado à porta chamada Formosa. Pedro olhou-o nos olhos e disse: "Não tenho prata nem ouro, mas o que tenho, isso te dou. Em nome de Jesus Cristo, o Nazareno, levanta-te e anda".[18] Assim como o paralítico, o coxo pulou de alegria.

Deixe-me repetir mais uma vez *a* pergunta: *Você quer ser curado?* Se não quiser, continue fazendo a mesma coisa. Se quiser, então dê um passo de fé. E depois outro. E outro. Se você continuar colocando um pé na frente do outro, chegará onde Deus quer que esteja. Muitos milagres são o subproduto de "uma longa obediência na mesma direção".[19] Você não pode simplesmente levar sua cama. Você tem de andar. E enquanto você estiver andando, aproveite!

Capítulo

12

O QUEBRADOR DE REGRAS

É sábado, não te é lícito levar a cama.
— João 5.10

O Dr. Evan O'Neill Kane realizou mais de 400 cirurgias durante sua distinta carreira como cirurgião-chefe do Hospital Kane Summit, mas sua maior contribuição à medicina foi ser pioneiro no uso da anestesia local. Kane acreditava que a anestesia geral era um risco desnecessário para pacientes com doenças cardíacas e reações alérgicas. Para provar seu ponto de vista, resolveu realizar uma cirurgia de grande porte usando nada mais do que anestesia local. Em 15 de fevereiro de 1921, o paciente foi preparado e levado para a sala de cirurgia. Após a administração de anestesia local, Kane abriu o paciente, prendeu os vasos sanguíneos, removeu o apêndice e costurou o corte. Dois dias após a cirurgia, o paciente foi liberado do hospital. O paciente não era outro senão o próprio Dr. Evan O'Neill Kane, e sua autocirurgia mudou o procedimento padrão em salas de cirurgia.

Até os Jogos Olímpicos na Cidade do México em 1968, os praticantes de salto em altura de nível internacional utilizavam a técnica *straddle*, o rolamento ventral ou o salto tesoura. Então, veio Dick Fosbury. Nenhuma dessas técnicas tradicionais se encaixava com sua constituição física de um metro e noventa e três centímetros de altura. Fosbury experimentou outra técnica: ultrapassa a barra primeiro os ombros com o rosto voltado para cima. Seu treinador do ensino médio opôs-se a essa abordagem pouco ortodoxa, mas Fosbury ganhou a medalha de ouro no México e estabeleceu um novo recorde olímpico de dois metros e vinte e quatro centímetros. Nos próximos Jogos Olímpicos, 28 dos 40 concorrentes usaram a técnica em homenagem ao homem que mudou o esporte para sempre: salto Fosbury ou salto de costas.

Em 29 de julho de 1588, a Armada Espanhola navegou para o Canal da Mancha com o objetivo de transformar a Grã-Bretanha em colônia espanhola. A Espanha era a maior potência naval do mundo, e a armada de 130 navios foi apelidada de Frota Invencível. Os ingleses eram em menor número e tinham menos armas, mas revelaram uma nova tática de combate naval que mudou as leis de combate. Em vez de embarcar nos navios inimigos e travar luta corpo a corpo, os ingleses usaram canhões de longo alcance para afundar metade da frota espanhola, sem perder um único navio.

Se você quiser repetir a história, faça do jeito que sempre foi feito. Se você quiser mudar a história, faça do jeito que nunca foi feito. As pessoas que fazem a história são quebradores de regras. E ninguém é melhor nisso do que aqUEle que escreveu as regras!

Tu Ofenderás os Fariseus

Jesus poderia ter curado o paralítico em qualquer dia da semana, mas preferiu realizar o milagre no sábado. Ele sabia que irritaria os religiosos locais, e me pergunto se não foi exatamente por isso que curou no sábado. Jesus ofendeu os fariseus com grande intencionalidade e consistência. E devo acrescentar, com alegria.

Se você seguir os passos de Jesus, ofenderá os fariseus ao longo do caminho. Na verdade, existem situações em que você precisa deixar de fazer as coisas do seu jeito. *Não* é licença para violar as leis. É permissão para violar as regras feitas pelos homens que não honram a Deus.

O Quebrador de Regras

Durante muitos séculos, os fariseus compilaram uma lista abrangente de regulamentos religiosos chamada *mitzvot*. Das 613 leis codificadas, 248 foram consideradas mandamentos positivos, ao passo que as demais 365 foram classificadas como mandamentos negativos. E dessas proibições, 39 definiam o que era permissível e não permissível fazer no sábado, indo até ao mínimo pormenor.

O *mitzvah* negativo número 321, por exemplo, estabelece que só se podia andar no máximo 2 mil côvados. Mas quem estaria contando? Claro que esta medição não começava até que a pessoa estivesse 70 côvados e dois terços fora dos limites da cidade. Em termos práticos, a pessoa não poderia andar em linha reta por mais de 962 metros em qualquer direção fora dos limites da cidade.[1]

Ainda que Jesus tivesse dito que o paralítico tomasse a cama (ou esteira) e andasse, ele não lhe disse para andar até a cidade de Timbuctu. Mesmo que o paralítico tivesse saltado, pulado e cabriolado por toda a Jerusalém naquele dia, ele não cruzou os parâmetros estabelecidos pelo *mitzvot*. Claro que não foi o paralítico andar que causou a ofensa. Foi o fato de ele estar carregando a cama, pois era uma atividade estritamente proibida pela lei farisaica. Claro que não havia *nada* na Escritura que fundamentasse esse regulamento. Jesus sabia disso, visto ter sido Ele que a escreveu. A proibição de carregar a cama não era uma lei divinamente ordenada. Era nada mais do que uma regra feita pelos homens e, devo acrescentar, uma regra muito tola se alguém acaba de ser curado de uma doença que o acometeu por 38 anos.

A grande ironia da história é que, enquanto os fariseus acusavam Jesus de violar a lei, eram eles os únicos que estavam violando o espírito da lei quando tentaram guardar o que pensavam que era a letra da lei. Ainda que pensassem que Jesus estivesse violando a letra da lei, Ele estava guardando o espírito da lei quando curou o paralítico.

Há muita diferença entre seguir Jesus e seguir as regras. Se você seguir Jesus, não violará a Lei de Deus, mas violará as regras dos homens. Com isso, você ofenderá os fariseus.

Os fariseus não conseguiam ver a floresta por causa das árvores. Queriam matar Jesus, porque Ele desafiou as regras feitas pelos homens. Claro que o assassinato seria uma violação da lei mosaica! Os fariseus perderam o milagre que estava bem na frente dos seus olhos, porque não conseguiam ver nada mais do que suas tradições humanas e regras feitas pelos homens. É exatamente isso que nos impede de experimentar o milagroso. Para experimentar o milagroso, às vezes, você tem de quebrar as regras.

Mudanças de Segunda Ordem

De acordo com a teoria cibernética, existem dois tipos de mudança.

A mudança de primeira ordem é comportamental. *É fazer as coisas de modo diferente.* Se você quiser perder peso, passos na direção certa serão comer menos e exercitar-se mais. A mudança de primeira ordem pode ajudar você a atingir seu objetivo. Mas é uma mudança incremental que acontece pouco a pouco.

A mudança de segunda ordem é mudança quântica que acontece tudo de uma vez. É uma mudança de paradigma que fundamentalmente reformula a maneira como vemos nossos problemas, vemos a nós mesmos ou vemos nossa vida. A mudança de segunda ordem é conceitual. *É ver as coisas de modo diferente.*

A mudança de primeira ordem é matéria sobre a mente.
A mudança de segunda ordem é mente sobre a matéria.
A visão começa com a visualização.

Alvaro Pascual-Leone, professor de neurologia na Universidade de Harvard, validou a importância da visualização em um estudo fascinante envolvendo um exercício de piano com a utilização de cinco dedos. Voluntários tocaram piano enquanto neurotransmissores monitoravam suas atividades cerebrais. Como esperado, as neuroimagens revelaram que o córtex motor estava ativo durante a prática do exercício. Os pesquisadores disseram, então, aos participantes que *tocassem mentalmente* o exercício de piano. O córtex motor estava tão ativo quando tocavam mentalmente como estava durante a prática física. Os pesquisadores chegaram a esta conclusão: *os movimentos imaginados desencadeiam mudanças sinápticas a nível cortical*.[2]

Esse estudo confirmou tecnicamente o que os atletas já sabem instintivamente: o ensaio mental pode ser tão importante quanto a prática física. É a mente sobre a matéria.

Em 1992, o nadador canadense chamado Mark Tewksbury ganhou a medalha de ouro na categoria dos 200 metros estilo nado de costas nos Jogos Olímpicos de Barcelona. Quando subiu no pódio para receber a medalha, não era a primeira vez. Subiu ali na noite anterior à prova e imaginou o momento antes de acontecer. Visualizou mentalmente todos os detalhes da prova, inclusive ele vindo de trás e ganhando por um dedo.

De forma extremamente semelhante, a equipe australiana de vela venceu a Copa das Américas de 1983 antes mesmo de zarpar. Três anos antes da competição, o treinador gravou uma fita cassete com a equipe australiana vencendo a equipe americana. Ele mesmo narrou a competição, com o som ao fundo de um veleiro singrando as águas. Cada membro da equipe foi obrigado a ouvir a fita cassete duas vezes por dia durante três anos. Então, no momento em que zarpou do porto de San Diego, eles já tinham vencido a equipe americana 2.190 vezes mentalmente.

Nossos problemas são perceptuais. A solução não é *fazer* algo diferente. É *pensar* no problema de modo diferente. Como dizem que Albert Einstein observou: "Os problemas significativos que enfrentamos não podem ser resolvidos no mesmo nível de pensamento que estávamos quando os criamos".[3]

De acordo com Massimo Piattelli-Palmarini, pesquisador do MIT, as pessoas procuram resolver os problemas da maneira em que lhes são apresentados. "Dificilmente alteramos espontaneamente a formulação de um problema que nos foi apresentado de forma racionalmente clara e completa".[4] É exatamente por isso que muitos problemas continuam sem solução. Caso Jesus tivesse tentado resolver o problema do paralítico do modo em que lhe foi apresentado, teria reposicionado o homem mais perto do tanque de Betesda para que ele fosse o primeiro quando a água fosse agitada. Mas a mudança de primeira ordem teria resultado em mais do mesmo. Jesus mudou a vida desse homem, mudando as regras.

Fora da Caixa

A frase "pensar fora da caixa" é uma metáfora muito usada que significa pensar diferentemente. Sua origem remonta ao "quebra-cabeça de nove pontos" empregado por consultores administrativos para ensinar resolução de problemas contraintuitivos. Se você resolveu o quebra-cabeça, sabe que a solução é fácil. Mas muitas vezes parece impossível para os não iniciados.

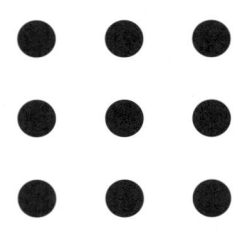

●　●　●

●　●　●

●　●　●

Para resolver o enigma, os participantes são instruídos a ligar os nove pontos que formam um quadrado traçando quatro linhas retas sem tirar o lápis do papel. O enigma é esse: se você ficar dentro dos limites da caixa, é impossível. É o que as pessoas fazem. Elas imaginam que há um limite em torno da caixa; um limite que não existe. A única maneira de resolver o problema é desenhar para fora da caixa.

O Quebrador de Regras

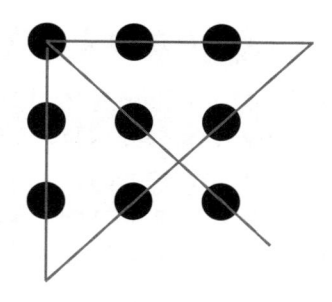

Fazemos a mesma coisa com a realidade. Nossas quatro dimensões de espaço e tempo são como nove pontos. Muitos de nós agimos como se essas leis fossem limites. Mas as leis espirituais suplantam as leis físicas. O mesmo Deus que estabeleceu as leis da natureza pode violá-las. O Onipresente não está limitado pelo espaço ou tempo. Ele está em todos os lugares em todos os momentos. Mas se você quiser experimentar o milagroso, deverá violar as regras desenhando para fora da caixa.

Às vezes, o milagroso é a diferença entre pensamento convergente e pensamento divergente. O pensamento convergente é retalhar o problema até encontrar a solução. O pensamento divergente não procura uma resposta certa. Propõe tantas soluções ao problema quantas possíveis.

Muitas escolas e empresas empregam o método que ficou conhecido por "desafio do tijolo" para medir o Q.I. divergente da pessoa. Mostram para o estudante ou empregado em perspectiva a foto de um tijolo e pedem para fazer uma lista de todos os usos potenciais do tijolo. As pessoas com alto Q.I. convergente dão as respostas mais convencionais, como "construir uma casa". Não há nada de errado com a resposta! Mas aqueles com alto Q.I. divergente dão respostas mais não convencionais, como "invadir uma casa quebrando uma janela". O desafio do tijolo pode não ser um bom indicador para a faculdade de direito, mas é indicador melhor para o ganhador potencial do Prêmio Nobel.

O Q.I. divergente é a capacidade de olhar o natural e ver o sobrenatural. Recebe também outro nome quando ungido pelo Espírito de Deus: fé.

O Realismo Crítico

De acordo com a pesquisa feita por Rolf Smith, as crianças fazem 125 perguntas investigativas por dia. Os adultos, por outro lado, fazem apenas seis perguntas investigativas por dia. Isso significa que, em certo ponto entre a infância e a idade adulta, deixamos de fazer 119 perguntas por dia![5] Em dado momento, paramos de fazer perguntas e começamos a fazer pressuposições. Esse é o dia em que a imaginação morre. É também o dia em que os milagres param de acontecer. Se você quiser experimentar o milagroso, terá de parar de fazer pressuposições.

Na filosofia da ciência, há um conceito conhecido como realismo crítico. É o reconhecimento de que pouco importando quanto saibamos, não sabemos tudo o que há para saber. Nas palavras de Russell Stannard: "Nunca podemos esperar em qualquer fase estar absolutamente certos de que nossas teorias científicas estão corretas e nunca sofrerão mudanças".[6] Que tal se pegarmos o conceito do realismo crítico em relação à ciência e o aplicarmos na teologia? Não estou sugerindo que questionemos as doutrinas ortodoxas conforme estão reveladas na Palavra de Deus. Mas 1 Coríntios 8.2 é bom um ponto de partida teológico quando se trata de estudar Deus: "Se alguém cuida saber alguma coisa, ainda não sabe como convém saber".

Somos muito rápidos em explicar o que não entendemos. E Deus está no topo dessa lista. Você pode conhecê-lo, mas pensar que você sabe tudo o que há para saber é o epítome da arrogância. Conhecer a Deus é entrar na nuvem do desconhecido. Quanto mais você sabe, mais sabe o quanto não sabe.

A Bíblia diz que podemos todas as coisas por Cristo que nos fortalece.[7] Portanto, as palavras "eu não posso" jamais devem sair de nossos lábios! Mas as palavras "eu não sei" devem sair de nossa boca com grande regularidade e humildade. Você não é onisciente. Na verdade, você não está nem perto disso! Seu melhor pensamento em seu melhor dia fica pelo menos 15,5 bilhões de anos-luz aquém da bondade e grandeza de Deus.

O Quebrador de Regras

Onze Dimensões

Cem anos atrás, pensávamos que vivíamos em um mundo de quatro dimensões. Então veio Albert Einstein e sua teoria da relatividade geral. Ele lançou a ciência em uma bola curvilínea ao postular que o contínuo do espaço-tempo não é tão linear quanto outrora pensávamos. Os teóricos das cordas bosônicas extrapolaram a existência de mais dimensões do que os olhos identificam — dez dimensões, no caso da teoria das supercordas, ou vinte e seis dimensões, de acordo com a teoria original das cordas bosônicas. Em ambos os casos, esta dimensão crítica é necessária para assegurar o desaparecimento da anomalia conforme de campos. Se você não tem ideia do que isso significa, era o que eu esperava. Se o universo for infinitamente mais complexo do que podemos imaginar com a mente humana, quanto mais o próprio Criador! Sua complexidade infinita exige um grau de realismo crítico chamado humildade.

Se os teóricos das cordas estiverem certos, então Deus está operando em pelo menos onze dimensões do espaço-tempo. É aí que reside nossa maior deficiência: *colocar limites quadridimensionais no Todo-Poderoso*. Nas palavras do Dr. Hugh Ross: "Os cristãos ortodoxos potencialmente subestimam a natureza, poder e capacidade de Deus em pelo menos um fator de um trilhão em uma dimensão de tempo".[8] Multiplique um trilhão pelo mínimo de mais sete dimensões do espaço-tempo, e começamos a entender por que a Bíblia afirma que Deus é poderoso para fazer tudo *muito mais abundantemente* além do que pedimos ou pensamos![9] Não conseguimos sequer imaginar mais uma dimensão!

Metade da fé é *aprender o que não sabemos*. A outra metade é *desaprender o que sabemos*. A segunda metade é muito mais difícil do que a primeira metade. É por isso que Jesus repetidamente dizia: "Ouvistes que foi dito[...] eu, porém, vos digo[...]". Ele estava desinstalando pressupostos do Antigo Testamento com revelações do Novo Testamento. Andar a segunda milha ou oferecer a outra face era mais do que modificação de comportamento. Jesus estava desinstalando as regras antigas e instalando novas.

Em 1932, o físico alemão chamado Werner Heisenberg ganhou o Prêmio Nobel de Física por seu trabalho sobre mecânica quântica. Sua descoberta classifica-se como uma das maiores revoluções científicas do século XX. Por centenas de anos, o determinismo governava o dia. Os físicos acreditavam em um universo de mecanismo de relógio que era mensurável e previsível. Heisenberg puxou o tapete da comunidade científica. Este é, em poucas palavras, o princípio da incerteza de Heisenberg: não podemos conhecer ao mesmo tempo a posição e a dinâmica precisa de uma partícula quântica. Esta é a razão. Às vezes, a matéria se comporta como partícula. Parece estar em um lugar em certo tempo. Às vezes, a matéria se comporta como onda. Parece estar em vários lugares ao mesmo tempo, quase como uma onda numa lagoa. É a dualidade da natureza. A medição imprecisa das condições iniciais impede a previsão precisa dos resultados futuros. Simplificando: sempre haverá um elemento de incerteza.

Aqui está minha tradução: *Deus é previsivelmente imprevisível.*

Você nunca sabe exatamente como, ou quando, ou onde Deus se mostra e se esconde. Mas você pode ter certeza disto: Ele pedirá que você faça algo sem precedente, não ortodoxo e não convencional. Se você tiver a coragem de fazer algo que não tenha feito em 38 anos, poderá experimentar algo que não tenha visto em um longo, longo tempo.

O QUARTO SINAL

Depois disso, partiu Jesus para o outro lado do mar da Galileia, que é o de Tiberíades. E grande multidão o seguia, porque via os sinais que operava sobre os enfermos. E Jesus subiu ao monte e assentou-se ali com os seus discípulos. E a Páscoa, a festa dos judeus, estava próxima. Então, Jesus, levantando os olhos e vendo que uma grande multidão vinha ter com ele, disse a Filipe: Onde compraremos pão, para estes comerem? Mas dizia isso para o experimentar; porque ele bem sabia o que havia de fazer. Filipe respondeu-lhe: Duzentos dinheiros de pão não lhes bastarão, para que cada um deles tome um pouco. E um dos seus discípulos, André, irmão de Simão Pedro, disse-lhe: Está aqui um rapaz que tem cinco pães de cevada e dois peixinhos; mas que é isso para tantos? E disse Jesus: Mandai assentar os homens. E havia muita relva naquele lugar. Assentaram-se, pois, os homens em número de quase cinco mil. E Jesus tomou os pães e, havendo dado graças, repartiu-os pelos discípulos, e os discípulos, pelos que estavam assentados; e igualmente também os peixes, quanto eles queriam. E, quando estavam saciados, disse aos seus discípulos: Recolhei os pedaços que sobejaram, para que nada se perca. Recolheram-nos, pois, e encheram doze cestos de pedaços dos cinco pães de cevada, que sobejaram aos que haviam comido.

— João 6.1-13

Capítulo
13

DOIS PEIXINHOS

> Está aqui um rapaz que tem cinco pães de cevada e dois peixinhos; mas que é isso para tantos?
> — João 6.9

*F*ilé-mignon com uma crosta de queijo bleu e molho de manteiga extra.

Em ocasiões especiais, Lora e eu vamos a um dos nossos restaurantes favoritos: o Chris Steak House. É uma peregrinação alimentar. Começo a comer estrategicamente 24 horas de antecedência para maximizar a refeição. Também começo a salivar horas antes da reserva. Quando o garçom coloca o bife crepitante na mesa, sinto que estou na ceia das bodas do Cordeiro. Louvo a Deus a cada mordida. No momento em que a sobremesa é servida, o avivamento está prestes a irromper.

Boa comida é um dos mais graciosos presentes de Deus, e outra comida da minha preferência é a pizza da Lou Malnati. Se você quiser me subornar, basta me enviar por transportadora uma pizza brotinho deep-dish calabresa. Um dos maiores momentos da minha vida, imediatamente depois de ver minha esposa vir andando até o altar no dia do nosso casamento e assistir ao nascimento de nossos três filhos, foi fazer minha própria pizza na cozinha da pizzaria Lou Malnati, a convite do seu diretor de operações. Várias vezes por ano encomendamos pizzas da Lou

O LADRÃO DE TÚMULOS

Malnati em Chicago, porque ainda não os convenci a abrir uma pizzaria em Washington.

Agora, deixe-me ficar muito vulnerável: sou um pouco possessivo quando se trata da pizza da Lou Malnati. Quando nossos filhos eram pequenos, Lora e eu gostávamos de comer a pizza da Lou Malnati, mas colocávamos no forno uma pizza comum comprada em supermercado para os nossos filhos. Soa cruel, mas eles não estavam prontos. Ainda não tinham atingido a idade da responsabilidade, e eu temia que não estivessem suficientemente maduros para administrá-la.

Tudo isso só para dizer o seguinte: se eu dividir minha pizza da Lou Malnati com você, significa que *eu o amo*. *Muito*.

Mantenha esse pensamento.

O ponto focal do quarto milagre é que Jesus alimentou 5 mil pessoas com cinco pães e dois peixinhos. Claro que quem intitulou o milagre de A Alimentação dos Cinco Mil deu a Jesus menos do que o devido. Havia cinco mil *homens*. Portanto, a contagem total estava mais próxima de 20 mil homens, mulheres e crianças. Jesus não tirou um coelho da cartola. Ele tirou 20 mil peixinhos. Mas antes de consumir a entrada principal, demos uma olhada no milagre que o precede. É um aperitivo, por assim dizer. Foi servido por um ajudante de garçom que deixa muito a desejar.

O Pré-Milagre

Partamos do pressuposto de que os discípulos não coagiram o menino ou lhe arrancaram o lanche. O menino deu de bom grado. Foi uma expressão de amor tanto quanto dividir pizza Lou Malnati. Talvez ainda mais! Foi também o pré-milagre que criou o milagre.

Se você tem filhos pequenos, então você terá apreciação única pelo que está prestes a ler. Fazer com que as crianças dividam algo requer um pequeno milagre! A palavra preferida das crianças é *meu*, e referem-se assim a tudo, inclusive ao que é seu, leitor. Fazer com que dividam algo que *gostem*, como a comida favorita, é algo que exige um grande milagre!

Este ato de doação sacrificial foi o catalisador para um dos milagres mais surpreendentes de Jesus. E para que conste, não vejo como *um* milagre. Foram 20 mil milagres. Foi um milagre para cada pessoa presente naquele dia!

Se esse menino não tivesse dividido seus cinco pães e dois peixinhos, não acredito que o milagre da multiplicação teria acontecido. Estou sugerindo que Jesus não poderia ter realizado o milagre sem o lanche do menino? Sim e não. Penso que Ele poderia ter criado uma refeição de quatro pratos a partir do nada, *ex nihilo*. Mas de modo geral, Deus não faz o sobrenatural sem que contribuamos fazendo o natural.

A lição incorporada nesse milagre é muito simples: se o que você tiver nas mãos for colocado nas mãos de Deus, Ele poderá fazer muito com pouco!

No mundo natural, é fácil pensar que se você *der mais*, você *terá menos*. Mas não é assim que funciona na economia de Deus. As coisas não se somam incrementalmente. *Multiplicam-se* exponencialmente! Na economia de Deus: $5 + 2 \neq 7$. Quando você adiciona Deus à equação, 5 pães + 2 peixinhos = 5.000 refeições com 12 sacos de sobras para os discípulos! Você fica com mais sobra do que o que você tinha no início!

Faça os Cálculos

A população total da região da Galileia era de aproximadamente 40 mil pessoas na época de Cristo. Sendo assim, cerca de metade dos galileus atravessaram o mar da Galileia de barco ou andaram a pé para chegar à montanha onde Jesus montara acampamento. Quando a Bíblia diz que Jesus "viu que uma grande multidão estava chegando perto dele"[1], isso não é eufemismo.

Jesus volta-se para Filipe e pergunta: "Onde compraremos pão, para estes comerem?".[2]

Só faz sentido Jesus perguntar a Filipe, porque Filipe era de Betsaida, que ficava cerca de 15 quilômetros de distância. Se alguém sabia onde comprar alimentos, seria ele. Mas não havia Panificadora Panera ali na esquina! Mesmo que houvesse, Jesus sabia que não conseguiriam alimentar a todos.

Sua resposta beira as raias da repreensão: "Duzentos dinheiros de pão não lhes bastarão, para que cada um deles tome um pouco".[3]

Tradução: *Betsaida, temos um problema!*

Ao longo dos anos, a Igreja da Comunidade Nacional já recebeu algumas atividades assistenciais da organização de caridade Convoy of Hope. A maior delas atraiu uma multidão de 10 mil pessoas, e distribuímos mais de 45 toneladas de mantimentos. Mas aqui está o fato: tivemos um ano inteiro para planejar. Mesmo assim, foi caótico coordenar as centenas de voluntários necessários para realizá-la com sucesso.

Sem maior análise, essa situação parece um pesadelo logístico e financeiro!

De acordo com o manual da Convenção do Conselho da Indústria, um banquete para pessoas sentadas requer quatro metros quadrados por pessoa. Se fizermos as contas, quatro metros quadrados multiplicados por 20 mil pessoas totalizam pouco mais de dois hectares. O volume de alimentos, o número de garçons e a quantidade de banheiros químicos necessários para viabilizar a refeição são absolutamente astronômicos.

Filipe não era o guardião do saco de dinheiro, mas não precisou de Judas para descobrir que esta refeição levaria o grupo à falência. Só a contratação da equipe de garçons custaria milhares de dólares. Mesmo que todos tivessem feito o pedido de um dólar, a refeição teria custado dezenas de milhares de dólares.

Uma Gota no Balde

É tão fácil permitir que o que não podemos fazer nos impeça de fazer o que podemos.

Há alguns anos, os pesquisadores da Universidade Carnegie Mellon elaboraram um estudo para descobrir por que as pessoas respondem às necessidades dos outros.[4] Os participantes receberam um envelope com uma carta que solicitava doação em dinheiro para a organização não governamental Save the Children. Os pesquisadores testaram duas versões de carta de solicitação. A primeira versão apresentava estatísticas sobre a magnitude dos problemas enfrentados pelas crianças na África, ao passo que a segunda carta destacava as necessidades de uma menina de sete anos de idade chamada Rokia.

Os participantes que receberam a carta que apresentava estatísticas contribuíram com 1,14 dólar, em média.

As pessoas que receberam a carta com a história de Rokia doaram 2,38 dólares em média, ou seja, mais do que o dobro.

As doações menores em resposta à carta com estatísticas foram o resultado de algo que os psicólogos chamam de "efeito de uma gota no balde". Se nos sentirmos sobrecarregados pela escalada de problemas, não fazemos nada a respeito, porque pensaremos que não faremos a diferença. Estatísticas sobre o enorme sofrimento humano na África pode nos tornar menos generosos! Concentrar-se em estatísticas pode causar curto-circuito na resposta compassiva, pois coloca as pessoas em um estado mental analítico. Pensar analiticamente dificulta a capacidade das pessoas em agir com compaixão. A cabeça fica no caminho do coração. Os pesquisadores chegaram a esta conclusão: o simples ato de calcular reduz a compaixão. Reduz os milagres também!

Voltemos, agora, ao quarto milagre.

Quando o menino se ofereceu para dividir o lanche, a reação de André foi: "Obrigado, mas não, obrigado!". Em sua opinião, não faria a diferença: "Que é isso para tantos?".[5] Mas André estava exagerando na análise da situação, e quase perdeu o milagre por causa disso.

Não tenho ideia de como o menino com dois peixinhos se sairia na prova de matemática no vestibular, mas estou bastante certo de que ele sabia que $2 + 2 = 4$. Ele sabia que os dois peixinhos não seriam suficientes para fazer a diferença, muito menos alimentar

20 mil pessoas! Era uma gota no balde. Mas ele não permitiu que o que *não tinha* o impedisse de dar o que *tinha* para Jesus. Isso é o precursor de muitos milagres!

Como tantos outros heróis desconhecidos na Bíblia, esse menino sai das páginas bíblicas para nunca mais ser ouvido de novo. Mas seus 15 minutos de fama estendem-se há 2 mil anos! Eu não ficaria surpreso se ele servir a entrada de peixe na ceia das bodas do Cordeiro.

Milagres Alimentares

Gosto de alimentos e gosto de milagres; portanto, gosto de milagres alimentares.

Um dos meus milagres preferidos ocorreu quando os israelitas estavam peregrinando pelo deserto.[6] Maná fresco era milagrosamente colocado à porta de suas tendas todos os dias, mas os israelitas se cansaram do mesmo menu diário. Começaram a reclamar. Incrível, não? Estavam literalmente reclamando de um *milagre*!

Apesar da queixa incessante, Deus pacientemente respondeu com uma das promessas mais extraordinárias da Bíblia. Alimentar 2 milhões de pessoas não é tarefa fácil, sobretudo quando você está em lugar nenhum no meio do nada. Mas Deus lhes prometeu carne para comer um mês inteiro. Moisés, obviamente, teve muita dificuldade em acreditar. Ele disse a Deus:

> Seiscentos mil homens de pé é este povo, no meio do qual estou; e tu tens dito: Dar-lhes-ei carne, e comerão um mês inteiro. Degolar-se-ão para eles ovelhas e vacas que lhes bastem? Ou ajuntar-se-ão para eles todos os peixes do mar que lhes bastem?[7]

Moisés está fazendo os cálculos matemáticos de cabeça e não consegue resolver a conta. Os números não chegam nem mesmo perto! Ele está imaginando uma forma concebível de Deus cumprir a promessa, mas não consegue pensar em uma única hipóte-

Dois Peixinhos

se. Ele não vê como Deus pode cumprir sua promessa impossível por um dia, quanto menos por um mês.

Já esteve uma situação como essa?

Você sabe que Deus quer que você aceite o emprego que paga menos, mas assim você não conseguirá pagar os empréstimos educacionais. Você sabe que Deus quer que você faça uma viagem missionária, mas você não consegue os dias de folga. Você sabe que Deus quer que você adote uma criança ou faça uma pós-graduação ou contribua para a causa do Reino, mas isso não se encaixa no orçamento.

O que você faz quando a vontade de Deus não faz sentido?

Na minha experiência, a vontade de Deus raramente é compreensível. Por definição, um sonho ordenado por Deus sempre estará *acima dos recursos* e *da capacidade* que você tem. Em outras palavras, você não tem dinheiro e não sabe como fazer. Não durante sua vida! Mas Deus pode fazer mais em *um dia* do que você pode realizar em uma centena de anos. Ele é o dono das "alimárias sobre milhares de montanhas"![8]

Seu trabalho *não* é mastigar os números e auditar a vontade de Deus. Afinal de contas, a vontade de Deus não é um jogo de soma zero. Quando você adiciona Deus à equação, a produção sempre excede a entrada. Seus dois peixinhos podem ir muito mais longe do que você imagina, desde que você os coloque nas mãos de Deus.

A Lei das Medidas

No início da Igreja da Comunidade Nacional, a frequência era muito baixa e o dinheiro muito pouco. Começávamos os cultos com uma dezena de pessoas, e nossa receita total era de 2 mil dólares por mês. Portanto, o orçamento total da igreja não era muito mais do que uma pessoa que ganha o salário mínimo americano! Refiro-me a essa época como os anos de vacas magras, mas não trocaria esses difíceis tempos financeiros. Viver de oferta em oferta é viver pela fé. Fez mais do que apenas aumentar a fé. Estabeleceu a base para administrar cada centavo do que hoje é um orçamento de multimilhões de dólares.

O LADRÃO DE TÚMULOS

Durante os primeiros anos, a Igreja da Comunidade Nacional não tinha condições de me pagar um salário. Na verdade, a igreja foi autossustentável apenas no terceiro ano de existência. Foi a generosidade de pessoas que sequer frequentavam nossa igreja que nos manteve à tona. O ponto da virada financeira aconteceu no final do primeiro ano. Foi quando senti a inspiração de que precisávamos começar a contribuir para as missões. Honestamente, não fazia sentido na época. Na verdade, não parecia boa administração! Como você doa aquilo que você não tem? Além disso, éramos os missionários. Precisávamos que Deus tocasse nas pessoas para doar para nós! Mas eu sabia que, se retivéssemos nossos cinco pães e dois peixinhos, teríamos cinco pães e dois peixinhos. Mas se ousássemos colocar uma parte de volta nas mãos de Deus, Ele poderia fazer algo milagroso. Separamos nosso primeiro cheque de 50 dólares para as missões.

No ano passado, nossa congregação fez 25 viagens missionárias e doou 1,8 milhão de dólares para as missões. Queremos crescer mais para que possamos doar mais. Sonhamos com o dia em que mobilizaremos uma equipe missionária 52 semanas por ano!

Operamos segundo uma simples convicção central: *Deus nos abençoará em proporção à maneira como doamos para as missões e como cuidamos dos pobres de nossa cidade.* Se você fosse o Senhor da Seara, você não abençoaria? Acredito que, enquanto nos concentrarmos em coisas que são próximas e queridas ao coração do Pai celestial, Ele cuidará do nosso resultado financeiro. Essa convicção remonta a um cheque de 50 dólares. Quando começamos a doar para as missões, Deus começou a multiplicar nossos dois peixinhos. No mês seguinte, a entrada triplicou, passando de 2 mil para 6 mil dólares por mês, e nunca mais olhamos para trás. Só tenho uma explicação para a multiplicação da entrada:

Dai, e ser-vos-á dado; boa medida, recalcada, sacudida e transbordando vos darão; porque com a mesma medida com que medirdes também vos medirão de novo.[9]

Dois Peixinhos

A lei das medidas é tão inviolável como a lei da gravidade! Com a medida que você usar, ela será usada em você. Não importa se são dois peixinhos ou dois centavos, você pode levá-los ao banco. Você não pode violar a lei das medidas, e é boa notícia se você estiver disposto a dar o seu lanche para Jesus.

Nos últimos 3 anos, a Igreja da Comunidade Nacional tem experimentado vários milagres financeiros. Pagamos uma dívida de 3 milhões de dólares. Angariamos 3 milhões de dólares em três meses para construir um Centro dos Sonhos em uma região carente de Washington. Compramos uma propriedade de 8 milhões de dólares no centro de Washington, onde construiremos um futuro *campus*.

Não faz sentido, mas Deus fez multiplicar.

Deposite no Banco

Moisés não conseguiu descobrir como Deus pagaria a nota promissória, porém isso não o impediu de descontá-la. Deus lhe pagou na moeda de codornizes:

> Então, soprou um vento do Senhor, e trouxe codornizes do mar, e as espalhou pelo arraial quase caminho de um dia de uma banda, e quase caminho de um dia da outra banda, à roda do arraial, e a quase dois côvados sobre a terra. Então, o povo se levantou todo aquele dia, e toda aquela noite, e todo o dia seguinte, e colheram as codornizes; o que menos tinha, colhera dez ômeres; e as estenderam para si ao redor do arraial.[10]

Com base no sistema de medição hebraico, um dia de caminhada era cerca de 24 quilômetros em qualquer direção. Se você enquadrar o raio e multiplicar por Pi, estaremos falando de uma área de cerca de 1.120 quilômetros quadrados. É dez vezes o tamanho de Washington, e as codornizes cobriram o chão em montes de 90 centímetros de altura!

O LADRÃO DE TÚMULOS

Consegue imaginar a grande quantidade de pássaros voando para o acampamento? A nuvem de pássaros era tão grande que causou um eclipse de pássaros. Quando começou a chover pássaros ficou parecido com um armagedom de codornizes.

Assim que as codornizes pararam de cair, os israelitas começaram a juntar. Cada israelita juntou não menos que dez ômeres. Presumindo que as codornizes eram de tamanho médio, a acumulação total foi de cerca de 105 milhões de codornizes. Você leu certo, mas deixe-me colocar em algarismos arábicos: 105.000.000 de codornizes.

Às vezes, Deus se mostra. Às vezes, Deus se esconde.

Uma das razões pela qual gosto desse milagre é porque é um trocadilho de proporções bíblicas. Esse milagre está registrado no livro de Números. A palavra grega que significa Números é *arithmoi*, que é de onde temos a palavra *aritmética*. Registrado no livro de aritmética está um milagre cujo cálculo não fecha, nem chega nem mesmo perto!

Mas com Deus, sempre está nublado com chance de codornizes.

Capítulo

14

O SENHOR ÁLGEBRA

Mas dizia isso para o experimentar; porque ele bem sabia
o que havia de fazer.
— João 6.6

Poucas pessoas testemunharam mais milagres do que George Müller. Além de pastorear uma igreja por 66 anos, Müller fundou o orfanato Ashley Down em Bristol, Inglaterra. Cuidou de 10.024 órfãos ao mesmo tempo em que fundou 117 escolas para ensinar essas crianças em toda a Inglaterra. Ajustados pela inflação, George Müller levantou 150 milhões de dólares para as causas do Reino. Por qualquer padrão é uma soma de dinheiro incrível, mas o que torna ainda mais surpreendente é o fato de George Müller nunca ter pedido nada a ninguém, nem um único centavo. Ele fez o trato de pedir *somente a Deus*. Müller imaginou que Deus sabia exatamente o que precisava e quando precisava, e que Deus proveria. Estima-se que Müller recebeu 30 mil respostas específicas à oração, conforme registrado em seu diário. Repetidamente, os alimentos eram deixados diante da porta exatamente quando acabavam, ou uma doação era recebida no dia exato do pagamento de uma conta, ou um encanador oferecia seus serviços imediatamente quando um problema precisava ser consertado.

Pela máxima de Oswald Chambers: "Deixe que Deus seja tão original com outras pessoas quanto está sendo com você".[1] Portanto, não prescrevo a metodologia de George Müller uniformemente. Penso que não é errado verbalizar uma necessidade ou pedir ajuda, mas não devemos colocá-la em oração *primeiro* em vez de ser a última opção? Por que resolvemos o problema por conta própria, quando podemos colocá-lo nas mãos de Deus? Poucas coisas são mais difíceis do que *deixar ir* e *deixar Deus*, mas é o que George Müller modelou para nós. Posso pensar em 30 mil razões para seguir seu exemplo!

Lembra-se da Oração do Pai Nosso? "O pão nosso de cada dia dá-nos hoje."²

O que realmente desejamos é que Ele tivesse dito o pão nosso de *cada semana,* ou de *cada mês,* ou de *cada ano*. Dessa forma, não teríamos de depender dEle a cada dia! Mas é quando Deus nos tem exatamente onde Ele nos quer. Maturidade espiritual não é autossuficiência. Na verdade, o desejo de autossuficiência é expressão sutil da natureza pecaminosa. É o desejo de ir para um lugar onde não precisamos de Deus. Queremos que Deus nos dê mais para que precisemos dEle menos. Isso nos leva ao ponto de partida: todos querem um milagre, mas ninguém quer estar em uma situação que exige um. Mas você não pode ter um sem o outro. Deus graciosamente nos coloca em situações onde *o suficiente não é suficiente*. Encontramo-nos em situações em que precisamos alimentar 20 mil pessoas e temos dois peixinhos que nem nossos são.

O Milagre do Maná

Dez anos atrás, a Igreja da Comunidade Nacional comprou uma antiga casa de crack e converteu-a na cafeteria Ebenézer. Precisou apenas de um milagre para obter o contrato. Não só a compramos por 325 mil dólares, menos de um terço do preço inicial de 1 milhão de dólares, mas também descobrimos que quatro pessoas ofereceram mais dinheiro por ele do que nós. Comemoramos o milagre, mas não por muito tempo porque precisávamos de outro! Tínhamos 30 dias para ter a soma de 10% do valor total da estrada ou o contra-

O Senhor Álgebra

to estaria nulo e sem efeito. Vinte e nove dias mais tarde, tínhamos esgotado todas as opções e faltavam 7.500 dólares.

Tenho uma convicção central: *quando Deus dá uma visão, Ele prově*. Mas muitas vezes Ele espera até o último momento. No dia anterior ao prazo final, recebemos dois cheques pelo correio, que totalizavam exatamente 7.500 dólares. O surpreendente é que as pessoas que fizeram a doação sequer sabiam da necessidade. Os dois casais tinham se mudado da região, mas continuavam a dar o dízimo para a igreja, até que encontraram outra igreja para congregar. Mais tarde, descobri que uma dessas doações foi maior do que o normal, porque foi um bônus de um ex-funcionário da Suprema Corte que havia passado a trabalhar com uma empresa de advocacia no interior do país.

Quando Deus miraculosamente proveu o maná para os israelitas, a Bíblia diz que Ele forneceu apenas o suficiente. A linguagem que descreve a provisão de Deus é extremamente precisa. Aos que colhiam muito "não sobejava", e "nem faltava" aos que colhiam pouco. Deus proveu apenas o suficiente. Deu-lhes uma ordem curiosa: não guardar para o dia seguinte.[3]

Por que Deus forneceu apenas o suficiente? Por que Deus proibiu ficar com as sobras? O que há de errado em ter iniciativa e colher maná o suficiente para dois dias ou duas semanas?

Esta é a minha opinião: o maná era um lembrete diário da dependência diária dos israelitas em relação a Deus.

Não mudou muito. Ainda precisamos de um lembrete diário da nossa dependência em relação a Deus. Mesmo que queiramos um suprimento de misericórdia válido por um ano, suas misericórdias se renovam a cada manhã. Se Deus provesse muitas coisas muito cedo, perderíamos nossa dependência natural em relação a Ele, nossa fome simples para com Deus. Deus provê apenas o suficiente, justo a tempo.

Escrevi as iniciais JEJIT (na sigla em inglês: apenas o suficiente, justo a tempo) na margem da minha bíblia nos lugares onde Deus proveu *apenas o suficiente, justo a tempo*. Foi o que Ele fez com a viúva até ela encher o último vaso de azeite.[4] Foi o que Ele fez quando os israelitas estavam cercados entre o exército egípcio e o mar vermelho.[5] Foi o que Ele fez quando o barco estava prestes a virar no mar da Galileia durante a terrível tempestade.[6] Foi o que Ele fez de novo com dois peixinhos e 20 mil pessoas famintas.

Toque a Campainha

Não sei como é o ritual do jantar em sua casa, mas nós chamamos nossos filhos para a mesa quando a comida está quase pronta para ser servida. Se foi no momento certo, há tempo suficiente para lavar as mãos e servir-se da bebida. Então fazemos uma oração curta, porque acredito que é boa administração para comer a refeição enquanto está quente.

Jamais chamei as crianças para uma mesa vazia. Claro, agora que menciono, essa pode ser uma ótima lição! Pode fazer com que nos identifiquemos com os milhões de pessoas que vão para a cama com o estômago doendo de fome todos os dias. Pode também acentuar o absurdo do quarto milagre. Jesus diz:

Mandai assentar os homens.[7]

Jesus toca a campainha do jantar, mas a mesa está vazia! Ele faz todos se sentarem como se estivessem indo comer. Ele até abençoa a refeição imaginária. Mas tal como acontece, Ele terá de dividir dois peixinhos 20 mil vezes!

Você já teve de esperar uma refeição mais do que o esperado? Ou um garçom já lhe disse que acabou o que você pediu?

Quanto mais tempo você tem de esperar, mais faminto e mais mal-humorado você fica. As coisas podem ficar muito feias de um momento para o outro. Quem trabalha na indústria de alimentação sabe o que estou falando. Parece que não é uma situação perigosa, mas se o jantar não for servido, a multidão de 20 mil pessoas se transforma em uma turba de linchadores.

É por isso que esta oração de Jesus se classifica como uma das mais incríveis. Jesus está tão calmo e sereno. João não cita as palavras da oração de Jesus, mas os outros Evangelhos citam, e é a mesma oração que Ele faz na Última Ceia. Em ambos os casos, não sei se minhas palavras gotejariam gratidão. Mas Jesus dá graças. Jesus dá graças ao Pai por algo que Ele não tem. Jesus dá graças ao Pai por algo que não aconteceu ainda.

O Senhor Álgebra

Até o século XVI, a matemática era dividida em dois ramos: a aritmética e a geometria. O matemático francês François Viète desbravou um novo ramo chamado álgebra. Com isso, ele bombardeou as notas do teste de avaliação dos fracos em matemática e provavelmente manteve você fora da universidade que queria entrar.

A álgebra avançada é uma das matérias de que menos gosto de todos os tempos, logo antes da trigonometria e logo depois do cálculo. Não entendia então, e ainda não entendo hoje. Mas me ajuda a apreciar uma das funções que Jesus exerce: professor. Ele não apenas ensinava religião. Ensinava também matemática. Fico imaginando se essa foi a matéria mais difícil para Ele ensinar.

Jesus era tão brilhante em aplicar as provas que metade do tempo os discípulos nem sabiam que estavam fazendo uma prova! Filipe é bom exemplo:

Mas [Jesus] dizia isso para o experimentar; porque ele bem sabia o que havia de fazer.[8]

Os discípulos não passaram em Álgebra I.

Quando Jesus multiplicou sete pães para alimentar 4 mil pessoas, eles deviam ter fé para crer que Ele pôde multiplicar cinco pães para alimentar 5 mil pessoas![9] Mas eles não entenderam a lição. Na verdade, agiram como se fosse o primeiro dia de aula. Jesus graciosamente lhes dá uma composição de prova. Ele não apenas lhes ensina uma nova equação: $5 + 2 + X = 5.000 = R12$ (12 cestos de restos). O Senhor Álgebra lhes dá uma lição.

Se o primeiro milagre revela que nada é pequeno demais para Deus. O quarto milagre o contrabalança: *nada é grande demais para Deus*. Jesus é o fator X.

O Fator 30

Gosto do fato de que o quarto milagre contém números específicos. Torna o milagre mais mensurável, mais tangível. Ainda que tenhamos de ter o cuidado de não fazer relações proporcionais dessas relações proporcionais, elas não são irrelevantes. Contamos coisas que contam. Não deveríamos contar os milagres da maneira que contamos as ofertas?

Um membro de nossa equipe de oração contou-me que, acumuladas no ano, tivemos 30 curas documentadas na Igreja da Comunidade Nacional. Eu desconhecia totalmente esse fato. A ignorância é como falta de oxigênio: asfixia a fé. É por isso que precisamos compartilhar os testemunhos!

Ouvir um testemunho é uma maneira de *tomar emprestado a fé dos outros*.

Contar meu testemunho é uma maneira de *emprestar minha fé aos outros*.

Se não compartilharmos testemunhos, estaremos cortando a circulação do Corpo de Cristo. Parte do corpo fica dormente. Não apenas perde a sensibilidade dessa parte do corpo. Se ficarmos muito tempo com sede de testemunhos, acabaremos morrendo. Precisamos comemorar o que queremos ver mais.

Nosso testemunho do que Deus fez no passado torna-se profecia do que Deus fará no futuro. Se você contar os testemunhos das pessoas que milagrosamente se converteram a Cristo, verá mais desses milagres acontecerem. O mesmo diz respeito à cura ou libertação ou provisão. É como inalar oxigênio puro. Não só regenera a fé, mas também carrega a atmosfera da igreja para que se torne altamente combustível.

O Senhor Álgebra

Quando descobri que tínhamos 30 curas documentadas, minha fé aumentou. Estou crendo em Deus por *mais* milagres! Esse é o ponto. É como se minha fé fosse multiplicada pelo fator 30, porque houvera 30 curas. Da mesma forma, penso que a fé dos discípulos foi multiplicada pelo fator 20 mil.

A Unção da Multiplicação

Antes do lançamento do meu primeiro livro *Na Cova com um Leão em um Dia de Neve*, eu discursava em uma conferência em Baltimore, Maryland. Depois de falar, participei de uma sessão com Tommy Barnett, que cofundou o Centro dos Sonhos de Los Angeles com seu filho Matthew. Tommy contou sobre a compra providencial do Hospital Rainha dos Anjos, imóvel de primeira com 10.900 metros quadrados e 3 hectares com vista para a Highway 101 em Los Angeles. Os proprietários recusaram ofertas lucrativas dos grandes estúdios de Hollywood que queriam transformar o hospital em set de filmagem e o venderam para o Centro dos Sonhos por uma fração do preço inicial. O Centro dos Sonhos o comprou por tostões de dólar!

Hoje, o Centro dos Sonhos de Los Angeles ajuda 50 mil pessoas por mês por intermédio de centenas de ministérios. Já vi isso em primeira mão, pois preguei ali inúmeras vezes. Inspirou também mais de cem Centros dos Sonhos por todo o país, inclusive o Centro dos Sonhos de Washington. Na verdade, Matthew pregou na Igreja da Comunidade Nacional no fim de semana que lançamos a visão para a congregação.

Depois de contar seu testemunho, Tommy Barnett convidou para ir ao altar quem quisesse receber o que ele chamou de "unção de multiplicação". Na época, eu não fazia ideia se a unção de multiplicação estava na Bíblia. Mas se Tommy Barnett estava dizendo, fui pegá-la. Eu sabia que precisava. Claro que esse conceito de multiplicação é parte da matemática do reino que Jesus ensina na parábola do semeador.[10]

O LADRÃO DE TÚMULOS

Todo escritor conhece muito bem esta estatística preocupante: 95% dos livros não vendem 5 mil exemplares. Escritores novatos vendem, em média, apenas 900 exemplares. É mais do que um pouco deprimente, tendo em vista que é difícil escrever um livro. Fui ao altar e orei pela unção de multiplicação para o meu primeiro livro. Reuni toda a fé que pude e orei para que vendesse 25 mil exemplares. Esse era o meu número especial, mas o Deus que é poderoso para fazer tudo muito mais abundantemente além daquilo que pedimos ou pensamos, superou minhas expectativas iniciais por 250 mil exemplares e contando.

Antes de prosseguir lendo, ouça o meu coração.

Oro para que Deus coloque meus livros nas mãos certas na hora certa. Os testemunhos que ouvi de leitores cuja vida foi impactada por uma frase, ou parágrafo, ou página de um dos meus livros é incrivelmente gratificante. Mas não escrevo para os leitores. Escrevo porque sou chamado por Deus para escrever. Digitar no teclado é, acima de tudo, um ato de obediência.

É por isso que não vejo um livro vendido como um livro vendido.

Vejo como *uma oração respondida*.

Já publiquei dez livros, e cada vez que lanço um livro, sinto-me como se estivesse dando a Deus meus dois peixinhos. Assim que a edição final é feita, está fora das minhas mãos. Não posso controlar o que acontece, mas essa é a parte emocionante. Tive livros que foram amargas decepções, ao passo que outros superaram todas as expectativas. Tudo o que posso fazer é confiar que Deus multiplicará o pouco que tenho para, com isso, oferecer e alimentar as multidões.

Quando *A Força da Oração Perseverante* foi lançado, um amigo de confiança me enviou uma foto de seu diário de oração com o número "3.500.000" no meio de um círculo. Esse é o número de exemplares que ele sentiu que Deus lhe tocara para orar. Está indo bem nesse caminho. O número de vezes que Deus responde essa oração diz respeito a *ele*. É algo que está acima do meu nível salarial. Mas Deus quer aumentar sua fé, para que, um dia, seus maiores sonhos pareçam incrivelmente pequenos. O número de exemplares

O Senhor Álgebra

que estipulei para o meu primeiro livro era muito difícil oito anos atrás, mas a unção de multiplicação continua a aumentar a aposta. Conto essas coisas para dizer mais uma vez: a maneira de administrar um milagre é crer em Deus para haver milagres ainda maiores e melhores!

Cem Vezes Mais

Um dos meus objetivos de vida é devolver para a Igreja da Comunidade Nacional mais do que recebemos no resultado acumulado. Antes de assinar meu primeiro contrato para escrever um livro, parecia uma meta impossível de alcançar. Como você pode dar mais do que recebe? Mas se você parar de dar a Deus seus dois peixinhos, nunca saberá quantas vezes Ele os multiplicará. Um dia, pode ser que você esteja *dando* mais do que esteja *ganhando*! Remonta à parábola do semeador:

> E outra caiu em boa terra e deu fruto: um, a cem, outro, a sessenta, e outro, a trinta.[11]

O dízimo no Antigo Testamento era mais do que um ato de obediência, era uma declaração de fé. Os agricultores não esperavam até 10%. Davam a Deus as primícias. Em outras palavras, levavam os primeiros 10% para o Templo. Só então é que colhiam o restante da plantação. Ao dar os primeiros 10%, eles mostraram que confiavam em Deus para os 90% restantes.

Se você quiser experimentar o milagroso, às vezes terá de dar o que não tem. Não espere até que você tenha dois passarinhos na mão. Nem sequer espere até que você tenha dois passarinhos voando.

Lora e eu fomos criados em uma igreja que estava focada em missões. O modo como doamos para as missões era algo chamado de promessa de fé. Uma promessa de fé era uma quantia de dinheiro prometida para as missões além do dízimo. Não estava baseada

O LADRÃO DE TÚMULOS

no orçamento. Estava baseada na fé. Era o subproduto da oração. Fiz minha primeira promessa de fé quando estava no ensino médio. Não me lembro do quanto prometi, mas exigiu bastante fé, porque eu ganhava o salário mínimo no posto de gasolina Quick Fill em Naperville, Illinois. Essa promessa foi um dos primeiros passos de fé que tomei nas finanças, e me ensinou a confiar em Deus. Mesmo assim, vi quando Ele proveu de pequenas maneiras mais notáveis.

Agora, deixe-me avançar.

Em 2005, Lora e eu fizemos a maior promessa de fé de nossa vida. Queríamos nos colocar em uma posição em que seria necessário um milagre para cumprir nossa promessa. E foi exatamente o que aconteceu. Poucos meses depois de fazer essa promessa de fé, assinei meu primeiro contrato para escrever um livro. Não acho que as duas coisas não estejam relacionadas. O adiantamento do contrato fez com que nossa grande promessa de fé parecesse pequena. Mas não deixamos de prender a lição. Toda vez que assino um contrato para escrever um livro, subimos a promessa devolvendo uma percentagem maior a Deus. Se continuarmos a semear a semente, estamos plenamente certos de que Deus continuará a multiplicar pelo fator 30, 60 ou 100.

Capítulo

15

CONTE OS PEIXES

Recolheram-nos, pois, e encheram doze cestos de pedaços dos cinco pães de cevada, que sobejaram aos que haviam comido.
— João 6.13

Meu amigo Joel Clark é escritor e cineasta. Na verdade, temos colaborado em uma trilogia fantástica para crianças intitulada *Jack Staples*, que esperamos fervorosamente que um dia se transforme em filme. Além de ter habilidades de criação acima da média, Joel também é uma das pessoas mais compassivas que conheço. Grande parte do seu trabalho no cinema concentra-se em documentar a dor e o sofrimento das pessoas que não vivem na terra da oportunidade. Mas Joel não foi sempre assim.

Por quase uma década, Joel serviu no ministério de uma igreja na África do Sul. Durante esse tempo, sua relação com Deus tornou-se mais profissional do que pessoal. Seu dinheiro era pouco, e sua moral, muito baixa. Seu coração estava endurecido, bem como seus ouvidos. Mas isso mudou dramaticamente durante uma ida ao McDonald's tarde da noite. Os 38 rands que ele tinha no bolso só davam para comprar um McLanche Feliz. Joel estava tão concentrado em seus próprios problemas que não percebeu as crianças de rua no estacionamento do McDonald's. Então, pela primeira vez em muito tempo, Joel ouviu a voz mansa e suave do Espírito Santo dizer: *Compre hambúrgueres para essas crianças!*

O LADRÃO DE TÚMULOS

Joel tinha de tomar uma decisão: pedir um McLanche Feliz para ele ou comprar hambúrgueres para as crianças de rua. Ele não tinha dinheiro suficiente para fazer as duas coisas.

— Eu estava muito amargurado e era muito mesquinho — disse Joel. — Mesmo quando pedi cinco cheeseburgers para as crianças, não fiz com a atitude certa.

Mas apesar de Joel estar fazendo a coisa certa com a atitude errada, Deus ainda se mostrou e se escondeu.

Quando Joel saiu do McDonald's, o grupo de crianças de rua dobrou. Joel pensou em cortar os *cheeseburgers* ao meio para que todos pudessem ter um pedaço. Mas quando começou a dá-los, eles se multiplicaram como os dois McFish que alimentaram 20 mil pessoas. Será que o McDonald's lhe deu o pedido certo? Será que colocaram mais *cheeseburgers* porque era hora de fechar? Ou será que Deus enfiou a mão em seu saco de suprimentos e retirou mais cheeseburgers? Até hoje, Joel não sabe o que aconteceu, mas quando terminou de dar um *cheeseburger* para cada criança de rua, ainda restava um *cheeseburger* no fundo do saco para ele.

Joel chama esse episódio de McMomento. Ele não deixou de aprender a lição: se você der o seu McLanche Feliz para Jesus, irá muito mais longe nas mãos divinas do que iria no seu estômago. E o sabor será muito melhor!

Se você continuar a dar, Deus continuará a multiplicar.

O Jogo de Dar

Quando Lora e eu nos casamos, tomamos a decisão de nunca *não* dizimar. Dar a Deus os primeiros 10% da renda não foi uma decisão que tomamos toda vez que recebemos um salário. Foi uma pré-decisão que tomamos no dia um, e está rendendo dividendos desde então! Essa pré-decisão foi um pré-milagre. Mas dizimar não é o objetivo final. É apenas um ponto de partida. Nosso objetivo final é inverter o dízimo: viver com 10% e devolver 90% a Deus. O que estamos fazendo para atingir esse objetivo é dar a Deus a cada ano uma porcentagem maior de nossa renda. É o que chamo de "jogo de dar". A ironia do jogo é que você não pode ganhar. Você não pode ganhar por uma simples razão: você não pode vencer Deus no dar. Mas, com certeza, é divertido perder o jogo para Deus.

Só para lembrar, não acredito no evangelho da prosperidade. Quando você adiciona algo ao evangelho, você está na verdade subtraindo. Quanto ao evangelho, em sua forma mais pura, melhor é impossível. O evangelho *não* é um esquema de enriquecimento rápido! Na verdade, o objetivo é acabar completamente pobre, dando o máximo que você puder. Estou sugerindo que você não deve planejar a aposentadoria ou investir em um plano de previdência ou deixar uma herança para os filhos? Claro que não. Mas poupar para a aposentadoria não é o objetivo. Se você acha que Deus quer encher seus bolsos para que você more em uma casa maior ou tenha um carro mais luxuoso, você aceitou um falso evangelho. Não se trata de aumentar seu padrão de vida. Trata-se de aumentar seu padrão de *doação*. Quando Deus o abençoa mais, é para que você tenha mais para abençoar. Uma recompensa terrena tangível por você ter dado é o menor retorno sobre o investimento. O objetivo do jogo de dar é acumular tesouros no céu. Esse é o dividendo eterno.

Confie em mim quando digo que Deus não se deixa e não se deixará ser subornado ou chantageado. Você não pode usá-lo como uma máquina de caça-níqueis. Se você estiver dando só porque deseja obter algo em troca, perderá o direito ao adiantamento. Investimos no Reino de Deus porque é a coisa certa a fazer e também porque rende o melhor retorno sobre o investimento. Nada vence os juros compostos para a eternidade! Mas se você der pelas razões erradas, estará desclassificado.

Agora, deixe-me olhar o outro lado da moeda.

Deus nunca ludibria você.

A mentalidade egoísta acredita que quanto mais você der, menos terá. Pensa em termos de adição e subtração. A mentalidade milagrosa acredita exatamente no oposto: quanto mais você dá, mais Deus pode prover. Pensa em termos de multiplicação.

O LADRÃO DE TÚMULOS

Lora e eu já tivemos nossas dificuldades financeiras, mas esses tempos difíceis nos ensinaram a apreciar que tudo o que temos é dom de Deus. Contentamento não é receber o que você quer. É apreciar o que você tem! Quanto mais você dá, mais você gosta do que tem! Se você der o dízimo a Deus, desfrutará os seus 90% 10% mais. Se você dobrar o dízimo, Ele dobrará seu desfrute.

Aprendemos também que uma das maneiras mais seguras de experimentar um milagre é ser parte do milagre de outra pessoa. Não foi o que o menino fez? Ele recebeu sua parte e comeu também! Quando você é bênção para os outros, Deus faz com que a bênção volte.

Um Milagre de 15 mil Dólares

Vários anos atrás, fizemos uma série de sermões intitulados "Milagres" na Igreja da Comunidade Nacional. Depois de uma dessas mensagens, senti-me levado a convidar as pessoas que precisassem de um milagre para vir à frente e receber uma oração. Em uma de nossas localizações, uma mulher chamada Renee Reed respondeu. Renee dirige uma organização missionária chamada Evangelização Global, e ela me disse que precisava de 15 mil dólares para terminar a construção de um orfanato em Uvira, Congo. Quando orei por Renee, senti o Espírito Santo mover-se em meu espírito: *Por que você está orando por algo quando você pode fazer algo a respeito?* Então, depois de orar, fizemos uma oferta especial. Uma semana depois, demos a Renee um cheque de 15 mil dólares. Como muitos dos milagres que experimentei, este reproduziu-se e multiplicou-se de forma imprevisível.

No ano seguinte, uma equipe da Igreja da Comunidade Nacional foi ao Congo para trabalhar no orfanato, e desde então voltamos todos os anos. Nossos projetos vão desde plantar cebolas a ensinar inglês para estabelecer uma clínica médica para fazer uma Escola Bíblica de Férias para as 57 crianças órfãs que vivem no Centro do Congo para Cristo (CCC).

Sarah Bayot, nossa gerente de sucursal, colidera a equipe todos os anos. Ele organiza também a equipe para competir em uma corrida de obstáculos "Tough Mudder" para arrecadar fundos para o Centro do Congo para Cristo. Este ano, ela sentiu que deveria demitir-se do emprego na Igreja da Comunidade Nacional e dedicar seu tempo e talento integralmente para a missão no Congo. Para isso, fundou uma organização chamada Kicheko.[1] Sarah contou sua visão de produzir bens que beneficiassem o Centro do Congo para Cristo em um evento anual chamado A18 Innovate, onde os membros da Igreja da Comunidade Nacional contam as maneiras extraordinárias em que estão cumprindo a Grande Comissão. Enquanto falava, alguém na plateia sentiu-se guiada por Deus para dar suas economias de uma vida inteira para a causa do reino em que Sarah atua. Lindsay não é uma executiva rica ou investidora profissional. É aluna do quarto ano da faculdade! Mas ela não permitiu que isso a impedisse de fazer um cheque de 15 mil dólares para a Kicheko. A bênção continua a voltar!

Uma nota de rodapé: Gosto do modo em que Lindsay descobriu a Igreja da Comunidade Nacional. Ela participava de um amigo secreto, quando ganhou um exemplar do livro *Na Cova com um Leão em um Dia de Neve*. Depois de ler, ela começou a frequentar a igreja. Isso é que é sincronicidade sobrenatural. Hoje, ela é acionista no milagre permanente do que Deus está fazendo por intemédio do Centro do Congo para Cristo.

O Padrão de Doação

Poucas pessoas jogaram melhor o jogo de dar do que John Wesley. Ele era melhor doador do que pregador, fato que diz algo. Ele viveu por uma máxima simples: "Ganhe tudo o que puder. Economize tudo o que puder. Dê tudo o que puder". Durante sua vida, Wesley deu cerca de 30 mil libras. Corrigidos pela inflação, equivale hoje a 1.764.705,88 dólares.

A gênese da generosidade de Wesley era um trato que ele fez com Deus em 1731. Ele decidiu limitar suas despesas para que tivesse mais para dar. Seu limite de renda era 28 libras. No primeiro ano, John Wesley só ganhou 30 libras, por isso deu apenas duas libras. No ano seguinte, no entanto, sua renda dobrou. Por ter continuado a viver com 28 libras, ele tinha 32 libras para dar. No terceiro ano, sua renda subiu para 90 libras. Por ter mantido as despesas estáveis, pôde duplicar sua doação.

O objetivo de Wesley era dar todo o excedente da renda ganha após pagar todas as contas e cuidar das necessidades da família. Ele nunca teve mais de 100 libras em seu poder, porque temia estar armazenando tesouro na terra. Mesmo quando a renda subia para milhares de libras, ele não interpretava a bênção de Deus como permissão para viver em grande estilo. John Wesley morreu com algumas moedas no bolso, mas com muitos recursos financeiros no céu.

Não desanime se for pouco o que você tem para dar. Pode parecer como uma gota no oceano, mas pode fazer tanta diferença como os dois peixinhos do menino. O ponto do jogo de dar não é o quanto você dá, é o quanto você tem. Aquele que tem a menor sobra no final da vida ganha! O doador mais célebre nos Evangelhos é a viúva que deu quase nada.[2] Ela ganhou o jogo de dar com apenas duas moedinhas! Mas ela ganhou, porque ela não reteve *nada* para si.

Acima de sua Capacidade

Deus não pode lhe devolver o que você não dá. É simples assim. É por isso que muitos de nós nunca experimentamos a multiplicação milagrosa de Deus. Aqui está um segredo para experimentar o milagroso: se você der acima de sua capacidade, Deus o multiplicará acima de sua capacidade.

Quase todo avanço financeiro que testemunhei, tanto pessoalmente quanto corporativamente como igreja, remonta a um passo financeiro de fé. Antes que a Igreja da Comunidade Nacional pudesse me pagar um salário de tempo integral, fui obrigado a semear uma semente em outro ministério em Washington. Senti que o Senhor estava nos provando, assim como provou Filipe. Fizemos, então, um cheque de 350 dólares. Não me lembro de como determinamos esse valor, mas estava muito acima do nosso orçamento na época. Na verdade, tivemos de cuidar do nosso saldo bancário para que não estourasse.

Nunca esquecerei quando coloquei o cheque num envelope e o joguei na caixa de correio que ficava em frente dos Correios da L Street SW, 45. Não foi fácil! Depois, entrei para verificar minha caixa postal. Foi quando encontrei um envelope com um endereço de remetente que não reconheci. Dentro da carta de três dobras, estava um cheque de 10 mil dólares.

Foi um retorno de investimento de 2.757,1% em 60 segundos. Por uma fração de segundo, acho que senti a descarga de adrenalina que os discípulos devem ter sentido quando Jesus transformou dois peixinhos em 20 mil. Sou o primeiro a admitir que o jogo de dar nem sempre funciona dessa maneira ou com essa rapidez. Repetindo, muitas de nossas recompensas não são tangíveis. Estão em um cofre que não podemos abrir até que entremos na eternidade. Mas, às vezes, Deus liga os pontos entre a causa e o efeito, o natural e o sobrenatural, a fé e o milagre. Este foi um desses momentos. Depois de você experimentar um milagre como esse, é difícil não dar com certa medida de santa expectativa.

A generosidade é um dos nossos quatro valores familiares. Caso queira saber, os outros três são a gratidão, a humildade e a coragem. Na minha experiência, a gratidão e a generosidade são parentes mais próximos. Se o seu coração estiver cheio de gratidão, será fácil dar! A generosidade nos posiciona para experimentar o milagroso. Não é coincidência que o milagre da multiplicação tivesse ocorrido logo após Jesus dizer *obrigado*. Não é uma palavra mágica, mas é uma palavra bíblica. Quando você *der graças* e *der dinheiro*, Deus multiplicará seus presentes exponencialmente.

O LADRÃO DE TÚMULOS

Dois Metros e Vinte e Nove Centímetros

Este livro gira em torno dos sete milagres registrados no Evangelho de João, mas tenho uma confissão a fazer. Há um oitavo milagre: a pesca milagrosa, escondida na parte final do livro de João.[3] É um milagre bônus, um milagre de despedida.

Não sei a principal coisa relacionada à pesca. É uma triste realidade, dado o fato de que nasci em Minnesota, terra dos 10.000 lagos. Nossa família passava férias no lago Ida todos os anos, até que fiz 21 anos. A cada ano, fazíamos um pequeno concurso de pesca amigável, o qual nunca ganhei. Meu irmão Don é o chamariz de peixes de nossa família. Os peixes gostavam de suas iscas. Minhas iscas, por vezes as mesmas que as dele, pescavam normalmente um peixe faminto.

Não sei quase nada de pesca, mas há uma coisa que sei com certeza: os pescadores contam os peixes. Pesam. Medem o comprimento. Totalizam os peixes pescados. É por isso que a especificidade do oitavo milagre não me deixa nem um pouco surpreso. Estou supondo que contaram duas ou três vezes para verificar o número exato. Não sei quantos peixes apanhavam em média quando saíam para pescar, mas os discípulos ficaram pescando a noite toda sem apanhar nada. Os peixes não estavam mordendo a isca. Então, Jesus lhes disse para pescar do outro lado do barco. É aqui que precisamos diminuir o zoom.

Os barcos de pesca do século I tinham dois metros e vinte e nove centímetros de largura.

Então, por que pescar do outro lado?

Que diferença faz dois metros e vinte e nove centímetros?

Jesus dá-lhes uma lição inesquecível: às vezes, dois metros e vinte e nove centímetros é a distância entre 0 e 153. Você pode estar a apenas dois metros e vinte e nove centímetros de um milagre, mas você tem de tentar do outro lado!

Milagres não acontecem apenas quando cremos em Deus para a realização de grandes coisas. Milagres acontecem quando obedecemos a Deus nas pequenas coisas. Quando fazemos pequenas coisas como se fossem grandes coisas, Deus faz grandes coisas como se fossem pequenas coisas.

O que mais gosto nos milagres que envolvem peixes é que é a única esfera em que os discípulos poderiam ter afirmado superioridade. Tenho certeza de que nunca teriam verbalizado, mas fico imaginando se honestamente acreditavam que sabiam uma ou duas coisas sobre pesca que Jesus não sabia. Afinal, Jesus era carpinteiro. Eles praticamente nasceram em um barco de pesca. Era seu domínio. Era seu ponto forte. É exatamente onde é mais difícil confiar em Deus. Começamos a confiar nas habilidades que recebemos de Deus, em vez de confiar no Deus que as deu para nós.

Senhor Ictióide

Ao longo da história, alguns dos mais brilhantes estudiosos da igreja têm especulado sobre o significado do número 153. Jerônimo fez referência ao livro *Haliêutica*, de Opiano, que cita 153 espécies de peixes no mar da Galileia. Agostinho de Hipona comentou que 153 é a soma dos nove primeiros 17 inteiros, tornando-se um número triangular. Alegou também que 17 é a combinação perfeita da lei e da graça: os Dez Mandamentos mais sete dons do Espírito. Evágrio do Ponto explicou com base nas propriedades matemáticas de 153. Observou que 100 é um número quadrado, 28 é um número triangular e 25 é um número circular.

Para ser sincero, não acho que o número 153 foi incluído por questão de simbolismo. Se na verdade existem 153 espécies de peixes no mar da Galileia e os discípulos pescaram um de cada tipo, isso ressalta a dificuldade do feito. Mas não penso assim. Penso que a especificidade nos desafia a medir nossos milagres. "Conte os peixes" é a abreviação de "meça o milagre".

Sim, os milagres são misteriosos. Mas nossa fé não deve ser nebulosa. Nem todos os milagres podem ser quantificados, mas os que podem, devem ser contados. Não foi por isso que Jesus mandou os leprosos se apresentarem ao sacerdote? Ele queria que o milagre fosse validado. Se na época houvesse ressonância magnética, as imagens antes e depois de alguns milagres de Jesus teriam validado mais do que mil palavras. Precisamos medir nossos milagres com raios-X, com dólares, com fatos, com números, com exames, com fotos. Precisamos contar os milagres da mesma forma que contamos as bênçãos. As bênçãos amplificam a alegria, ao passo que os milagres fortalecem a fé.

Quando Jesus disse aos discípulos que experimentassem o outro lado do barco, eles poderiam ter ficado ofendidos. "Não nos venha dizer como fazer o nosso trabalho. Conhecemos este lago melhor do que você. Fomos nós que passamos a noite inteira pescando." Se tivessem ficado ofendidos, teriam perdido o milagre.

O que você faz quando a lógica de Deus não se alinha com a sua? Quando a vontade de Deus não faz sentido? Quando você pensa que sabe melhor ou sabe mais do que Deus?

Siga o exemplo que Pedro deu na primeira vez que Jesus multiplicou a pesca dos peixes:

> Mestre, havendo trabalhado toda a noite, nada apanhamos; mas, porque mandas, lançarei a rede.[4]

Pedro acreditou na palavra: "Porque mandas".

Às vezes, a fé é tão simples como o velho ditado: *Deus disse. Creio. Ponto final.* Claro que você pode ter de dar um passo de fé de dois metros e vinte e nove centímetros.

Você está disposto a tentar no outro lado do barco?

O QUINTO SINAL

E, quando veio a tarde, os seus discípulos desceram para o mar. E, entrando no barco, passaram o mar em direção a Cafarnaum; e era já escuro, e ainda Jesus não tinha chegado perto deles. E o mar se levantou, porque um grande vento assoprava. E, tendo navegado uns vinte e cinco ou trinta estádios, viram Jesus andando sobre o mar e aproximando-se do barco, e temeram. Porém ele lhes disse: Sou eu; não temais. Então, eles, de boa mente, o receberam no barco; e logo o barco chegou à terra para onde iam.

— João 6.16-21

Capítulo

16

O ANDADOR SOBRE AS ÁGUAS

E, tendo navegado uns vinte e cinco ou trinta estádios, viram Jesus andando sobre o mar.
— João 6.19

Um milagre meteorológico pode ser a razão pela qual a capital dos Estados Unidos está localizada em Washington. Ouvi de um congressista esta lenda pouco conhecida durante uma excursão de fim de noite no edifício do Capitólio, mas testemunhas de primeira mão e provas de segunda mão confirmam a história.

Em 24 de agosto de 1814, uma tropa britânica de 4 mil homens liderada pelo general Robert Ross marchou para Washington. A maior parte dos 8 mil moradores já havia evacuado a cidade, incluindo a primeira-dama Dolly Madison, que conseguiu salvar a Declaração da Independência e o retrato de corpo inteiro do presidente George Washington pintado por Gilbert Stuart.

Os britânicos começaram a queimar sistematicamente o Edifício do Tesouro, o Capitólio e o Palácio do Presidente, que foi renomeado de a Casa Branca depois que foi caiado para cobrir os danos de fumaça causados pelo fogo. Um dos poucos edifícios que permaneceram de pé foi o Quartel dos Marines nas ruas 8th e I, esquina diagonalmente oposta ao campus da nossa igreja da Colina do Capitólio.

Conta a tradição que os britânicos não queimaram o quartel em deferência ao Corpo de Fuzileiros Navais. Verdade seja dita, eles precisavam de um lugar para dormir naquela noite. Um dos poucos edifícios sobreviventes, um arenito pardo de tijolos de quatro andares entre o Quartel dos Marines e o Arsenal da Marinha é hoje propriedade da Igreja da Comunidade Nacional. É, sem dúvida, o mais antigo edifício comercial na Colina do Capitólio, antecedente em quase uma década à invasão de Washington.

Com grande parte da cidade em cinzas, houve forte sentimento de mudar a capital de Washington de volta à Filadélfia, onde o Primeiro Congresso Continental se reuniu, mas o projeto de lei para mudar o local da capital foi rejeitada pelo congresso. O voto indeciso foi um milagre que os pais fundadores da república americana atribuíram à providência de Deus.

De acordo com o *Almanaque do Velho Fazendeiro*, as temperaturas em 24 de agosto de 1814 estavam acima de 38°C. Quando os britânicos incendiaram os prédios do governo, não houve combate ao fogo. Então, como um corpo de bombeiros respondendo a um alarme de incêndio de grau cinco, uma forte tempestade entrou em cena inesperadamente e sem aviso prévio. Semelhante a um sistema de irrigação divino, as fortes chuvas evitaram que a Casa Branca fosse completamente destruída pelo fogo.

O severo vendaval que se seguiu assustou os britânicos, visto que derrubou os canhões e levou os barris de pólvora a entrar em combustão espontaneamente. Ainda que as condições climáticas por si só podem não ter sido a razão pela qual as tropas britânicas se retiraram, muitos soldados britânicos acreditavam que era um sinal de Deus. Muitos membros do congresso que votaram a favor da manutenção da capital em Washington concordaram. Acreditavam que era um sinal de Deus, não diferente dos sete milagres no Evangelho de João.

Um Milagre de Setenta Minutos

Certa vez, tive uma aula de meteorologia na Universidade de Chicago, que deu início ao meu caso de amor com o clima. Uma das

O Andador sobre as Águas

coisas preferidas que faço nas férias é assistir ao canal do tempo, fato que diverte muito minha família. Acho os sistemas de tempestades ao mesmo tempo divertidos e humilhantes.

Dois mil anos atrás, prever o tempo era um jogo de dados. Alguns provérbios muito usados eram o melhor palpite para as pessoas: "À noite céu vermelho, deleite do marinheiro; de manhã céu vermelho, toma cuidado, marinheiro". Claro que, mesmo com a ajuda de satélites meteorológicos, as melhores previsões atualmente parecem, às vezes, um cara e coroa meio a meio. Entendemos a natureza melhor hoje do que nunca, mas ainda é tão poderosa e imprevisível como sempre.

Usamos concreto armado para nos proteger de terremotos e obturadores de tempestade para nos proteger de furacões, porém ainda não conseguimos controlar o tempo. Tudo o que podemos fazer é falar a respeito quando não há mais nada a falar. Mas há Alguém que comanda o vento e repreende as ondas. AquEle que transformou água em vinho também transformou o mar da Galileia em um mar de vidro. AquEle que criou o céu e a terra com duas palavras pode acabar com qualquer tempestade com apenas duas palavras: "Cala-te, aquieta-te".[1]

O mar da Galileia foi o cenário para muitos dos milagres de Jesus. Alguns aconteceram abaixo da superfície da água, como a pesca milagrosa. Outros aconteceram acima da superfície, como parar uma tempestade tropical instantaneamente. Contudo, o mais surpreendente pode ser o quinto milagre no Evangelho de João, quando Jesus transformou cristas espumantes em tapete vermelho. Não foi uma distância pequena. Ele percorreu, pelo menos, cinco quilômetros e meio! Andando no ritmo médio de quatro quilômetros e meio por hora, este milagre durou, pelo menos, 70 minutos.

A densidade da água é de um grama por centímetro cúbico a 4°C. Isso significa, muito simplesmente, que os seres humanos afundam na água. A tensão superficial da água suporta a super-hidrofóbica aranha d'água, também conhecida como inseto-jesus. Depois, há o infame basilisco-verde, estrela de vídeos imperdíveis do You Tube.

Mas quando se trata da espécie humana, não estamos equipados para andar sobre a água. Se pudéssemos correr a 107,83 quilômetros por hora, poderíamos correr sobre a água, mas a velocidade a pé mais alta registrada é de 44,72 quilômetros por hora por Usain Bolt, jamaicano e medalhista de ouro olímpico. Atingir 107,83 quilômetros por hora exigiria 15 vezes mais energia do que o corpo humano é capaz de gerar.[2]

Caminhando no Mar da Galileia

Em abril de 2006, *The Journal of Paleolimnology* publicou um artigo com um título bastante dúbio: "Há uma Explicação Paleolimnológica para Esclarecer o 'Andar sobre as Águas' no Mar da Galileia?". O Dr. Doron Nof, especialista em oceanografia e limnologia, e seus coautores afirmam que uma estranha combinação de condições atmosféricas pode causar raras placas de gelo flutuante no mar da Galileia. De acordo com seus cálculos, a probabilidade de acontecer esse fenômeno de gelo flutuante é menos de uma vez a cada mil anos. Mas essa probabilidade não os impediu de questionar se Jesus andou sobre as águas. Talvez Jesus apenas tenha subido numa placa de gelo flutuante.[3]

Para ser honesto, não sei qual dessas situações seria mais incrível. Ficar de pé num pedaço de gelo que flutua pelo mar da Galileia requereria equilíbrio milagroso. Se essas placas de gelo aparecem apenas uma vez a cada mil anos, então também requereria tempo certo. Adoraria ver uma repetição instantânea em câmera lenta de alta definição de qualquer uma das situações: andar sobre as águas ou ficar de pé no gelo. Mas, na minha humilde opinião, essa hipótese revela mais sobre a psique humana do que as circunstâncias pertinentes ao quinto milagre de Jesus. Temos a tendência natural de explicar o que não podemos explicar. É por isso que a maioria de nós perde o milagre. Lembra-se do velho ditado: "Ver para crer"? É verdade, mas o oposto também é verdadeiro: *crer para ver*.

O Andador sobre as Águas

Se você não tiver uma categoria cognitiva para o sobrenatural, não saberá o que fazer com os fenômenos que não computam dentro das limitações lógicas do lado esquerdo do cérebro. Como uma pequena calculadora que não multiplica números com muitos dígitos, os milagres dão o registro de erro intelectual. Foi por isso que os discípulos não reconheceram Jesus inicialmente. Pensaram que Ele era um fantasma. Nossa reação inicial, como a deles, é rejeitar a revelação por ignorância. Tememos porque não temos uma memória que se encaixe no que vemos.

Nove Golfinhos

Uma das minhas aulas favoritas de tecnologia, entretenimento e design (TED) foi dada por Al Seckel, autoridade em percepção visual e ilusão sensorial.[4] Durante a aula, ele mostra ao público um desenho pintado a lápis que eles prontamente reconhecem como um casal abraçando-se intimamente. Mas quando o mesmo desenho é mostrado para crianças, quase como um Teste de Rorschach, as crianças não veem o casal. Seckel explica que as crianças não veem o casal, porque elas não têm uma imagem anterior para associá-la ao desenho. Em outras palavras, elas não tinham uma categoria cognitiva para o que estavam vendo. Por mais insignificante que pareça, as crianças disseram que estavam vendo nove golfinhos.

A razão pela qual muitos de nós perdemos os milagres que estão ao redor o tempo todo é porque não temos uma imagem anterior para associá-la a eles. É exatamente por essa razão que os discípulos pensaram que Jesus era um fantasma. Eles não tinham uma categoria cognitiva para alguém andando sobre as águas.

A imaginação é uma função da memória. Imaginações são extrapolações do que vimos, ou ouvimos, ou experimentamos. As ideias não se materializam do nada, a não ser, é claro, que seja uma ideia de Deus que supera os cinco sentidos e seja diretamente revelada pelo Espírito Santo. Mas em geral, as linhas do limite da imaginação são traçadas pela experiência do passado. Novas experiências e novas ideias expandem nossas fronteiras.

No livro *Mozart's Brain and the Fighter Pilot* [O Cérebro de Mozart e do Piloto de Caça], Richard Restak mostra uma séria obviedade: saber mais equivale a ver mais. Ele observa: "Quanto maior for meu conhecimento sobre a flora e a fauna da floresta, mais poderei ver. Nossas percepções adquirem riqueza e profundidade como resultado de todas as coisas que aprendemos. O que os olhos veem é determinado pelo que o cérebro aprendeu".[5]

Quando os astrônomos olham para o céu à noite, eles compreendem mais as constelações, estrelas e planetas do que as outras pessoas. Veem mais, porque sabem mais. Quando os músicos ouvem uma sinfonia, eles apreciam mais os acordes, melodias e instrumentação. Ouvem mais, porque sabem mais. Quando os sommeliers provam um vinho, eles avaliam mais o sabor, textura e origem. Têm um paladar melhor, porque sabem mais.

Acredito que cada ciência é um ramo da teologia. Isso fará muito mais sentido quando chegarmos ao cego de nascença. Sem uma compreensão básica de neurologia, o sexto milagre é mal interpretado e subvalorizado. Ainda que tendamos a ver as buscas espirituais e intelectuais como empreendimentos mutuamente exclusivos, trata-se de uma falsa dicotomia. Grande amor nasce de grande conhecimento. Quanto mais você sabe, mais sabe o quanto não sabe. O verdadeiro conhecimento não nos incha de orgulho. Eles nos humilha até que dobremos os joelhos em adoração.

Chama-nos também para sair do barco.

Aceite o Mistério

Como é que você reage ao inaudito, a algo a que você não tem imagem anterior para associar? O que você faz quando Deus realiza algo que desafia sua experiência da realidade? Como você reage quando Jesus aparece na forma menos provável, no momento menos provável, no lugar menos provável?

O Andador sobre as Águas

Uma opção é ignorar o milagroso, cobrindo os olhos como uma criança que brinca de esconde-esconde. Outra opção é a descrença. Você extirpa os milagres por completo, como Thomas Jefferson fez. Uma opção pós-moderna muito comum é intelectualizar o miraculoso, mas nossos esforços de ser mais inteligentes que o Onisciente com suposições sofisticadas nos fazem parecer muito tolos. Quer um conselho? Não tente explicar. Não tente minimizar o significado. Basta aceitar o mistério do milagroso! Os milagres de Deus nos fazem apreciar o mistério de Deus. Ajudam-nos também a ver o Senhor pelo que Ele é — o Fabricante de Vinho, o Andador sobre as Águas, o Ladrão de Túmulos.

Deus é mais do que um tema a ser estudado.

É o *objeto* de toda maravilha, de toda adoração.

Não estou sugerindo que não devemos estudar para nos apresentar aprovados, como 2 Timóteo 2.15 nos exorta. Pelo contrário! Mas *teologia sistemática* é o oximoro final. Deus é de difícil explicação. Ele pode ser conhecido, mas nunca totalmente conhecido. Mais uma vez, quanto mais você sabe, mais sabe o quanto não sabe. O resultado de buscar a Deus não é apenas conhecimento. É mistério. E qualquer coisa menos que mistério é idolatria. Por quê? Porque é nada mais nada menos que projeção psicológica: a tentativa humana de criar Deus à nossa imagem. Mas você acaba ficando com uma versão simplificada do evangelho que é centrada no homem.

Quando se trata de sincronizar a realidade e a teologia, muitas vezes sincronizamos do modo errado. A dúvida é minimizar a teologia para combinar com a experiência da realidade. A fé é exatamente o oposto. Em vez de permitir que as circunstâncias se coloquem entre você e Deus, fé é colocar Deus entre você e as circunstâncias. Não é negar a realidade. É reconhecer que há circunstâncias que são mais reais do que você pode perceber com os cinco sentidos. A fé é um sexto sentido que nos permite perceber o impossível. A fé, em última análise, atualiza nossa realidade até que ela se sincronize com a teologia.

Uma das minhas citações favoritas de todos os tempos é um clássico de Mark Nepo: "Os pássaros não precisam de ornitólogos para voar".⁶ E andadores sobre as águas não precisam de limnologistas para andar sobre as águas! Se você seguir os passos de Jesus, andará sobre as águas. Você irá a lugares impossíveis e fará coisas inimagináveis. Andar sobre as águas se tornará um estilo de vida.

Audaciosamente Indo

Se você cresceu assistindo à série original de TV *Jornada nas Estrelas*, a narração de abertura em cada episódio é inesquecível:

> O espaço: a fronteira final. Estas são as viagens da nave estelar *Enterprise*, em sua missão de cinco anos para a exploração de novos mundos, para pesquisar novas vidas, novas civilizações, audaciosamente indo onde nenhum homem jamais esteve!⁷

Cito essa última linha, "audaciosamente indo onde nenhum homem jamais esteve", com bastante frequência. Por alguma razão, penso nisso toda vez que leio este versículo:

> O vento assopra onde quer, e ouves a sua voz, mas não sabes donde vem, nem para onde vai; assim é todo aquele que é nascido do Espírito.⁸

Tradução: Deus é muito bom em nos fazer ir aonde Ele quer que vamos, mas haverá reviravoltas absurdas ao longo do caminho!

Meu amigo Jeff Ellis contou recentemente uma dessas curvas fechadas.

Depois de visitar a filha em Washington, Jeff ficou preso no trânsito em uma autoestrada a caminho do aeroporto e perdeu o avião. Ele ainda estava irritado quando embarcou no próximo voo. Jeff encontrou seu lugar, sentou-se e não queria nada mais do que tratar da própria vida. Foi quando um senhor idoso muito extrovertido e sua esposa sentaram-se ao lado dele. Jeff, que não é de conversar, sabia que ia ser um longo voo.

O Andador sobre as Águas

Aconteceu que Jeff estava lendo o livro *A Força da Oração Perseverante,* e seus companheiros de voo notaram. Ele veio a descobrir que o senhor e sua esposa tinham acabado de participar do Café da Manhã de Oração Nacional e que também tinham perdido o avião. Em seguida, Jeff perguntou-lhe por questão de cortesia:

— O que você faz?

Durante a conversa que se seguiu, o médico aposentado disse-lhe que ele era amigo de Donnie Smith, CEO da Tyson Foods, empresa que opera no setor alimentício. Então, sua esposa mencionou que a filha deles tinha adotado duas meninas da Etiópia. Quando Jeff perguntou de qual cidade da Etiópia, disseram-lhe que o vilarejo chama-se Mekelle.

Jeff pode muito bem ter sido atingido por uma arma de choque da *Jornada nas Estrelas.* David, o filho de Jeff, mudou-se para Mekelle, Etiópia, há alguns anos para abrir a empresa Mekelle Farms and Chicken Hatchery! Nas palavras de Jeff:

— Qual é a probabilidade de duas pessoas no avião saberem que Mekelle Farms está na Etiópia, se sentarem juntas em um voo no qual nenhuma das duas tinham programado estar? E pensar que a conversa começou por causa do livro *A Força da Oração Perseverante.*

Se sua visão for estabelecer a indústria avícola na Etiópia, uma reunião com o CEO da Tyson Foods não fará mal, não é? O médico fez um telefonema, e pouco tempo depois, David teve a oportunidade de passar algumas horas com Donnie Smith em Ruanda. Hoje, a granja de David faz parceria com uma das subsidiárias da Tyson, incubando 150 mil aves por mês e contando.

Talvez você se sinta como se estivesse no avião errado. Deixe-me lembrá-lo de como Deus é bom em nos fazer ir aonde Ele quer que vamos, mesmo quando a culpa por perder o avião é nossa. Você pode estar a uma poltrona ou a um telefonema de um milagre!

Capítulo

17

O DESAFIADOR DO DIABO

E o mar se levantou, porque um grande vento assoprava.
— João 6.18

O sobrenome é sinônimo de espetáculos de alto risco na corda bamba. Sete gerações de Wallendas têm feito proezas na corda bamba de cair o queixo diante de reis, rainhas e milhões de crianças que vão ao circo. Karl, o mais famoso Wallenda voador, morreu com a idade de 73 anos depois de cair da corda bamba entre dois hotéis em Puerto Rico.

Nik Wallenda, bisneto de Karl, é o mais recente e talvez o maior acrobata de todos os tempos. Há em seu currículo sete recordes registrados no Guinness World Records. Nik garantiu seu lugar nos livros de história por ter sido a primeira pessoa a atravessar na corda bamba as Cataratas do Niágara. A proeza mais significativa foi a recriação da travessia na corda bamba em Puerto Rico que custou a vida de seu bisavô. Mas sua obra magna sem precedentes e sem paralelo foi, sem dúvida, atravessar o Grand Canyon na corda bamba em 22 de junho de 2013, fato que assisti ao vivo. Ele atravessou o desfiladeiro em uma corda bamba de cinco centímetros a 457 metros acima do cânion e sem rede de segurança.

Foi o avô de Nik que o impressionou em tenra idade, dizendo que redes de segurança dão uma falsa sensação de segurança. É aí que reside um dos segredos para experimentar o milagroso: *se você quiser andar sobre as águas, você terá de sair do barco.* Sei que já foi dito mil vezes de mil maneiras. Mas como acontece com todos os segredos que compartilhei, é mais fácil dizer do que fazer. Muitos de nós não realizamos os sonhos ou experimentamos o milagroso porque estamos muito focados em não cair do que dar o primeiro passo. Em vez de ir a fundo, continuamos a encher de moedas nosso porquinho ou melhorar nosso currículo. Mas chega um momento em que você precisa parar de preparar-se para a vida que quer viver e começar a vivê-la.

Quando Lora e eu sentimos que Deus nos chamava para a capital da nação americana, colocamos todos os nossos pertences terrenos em um caminhão de mudança e partimos para Washington. Não tínhamos rede de segurança — sem família, sem lugar para morar e sem salário garantido. Mas demos um passo de fé de 958 quilômetros, porque acreditamos que o nosso destino era Washington. Parecia que estávamos atravessando um cânion, mas nunca olhamos para baixo, nunca olhamos para trás.

Mais de 13 milhões de espectadores de 217 países assistiram a travessia do canyon na corda bamba pela televisão, quebrando os recordes de audiência do Discovery Channel. Todos também ouviram Nik orar e louvar a Jesus pelo que pareceu os mais longos 22 minutos e 54 segundos na história da televisão. Se todos na audiência estivessem ligados a uma máquina de pressão arterial, tenho certeza de que a cena com a corda bamba teria registrado um pico recorde.

Mas quando você anda na corda bamba desde os dois anos de idade, o risco torna-se sua segunda natureza. Para Nik Wallenda, andar na corda bamba é uma forma de vida. Ele não foge do perigo; procura-o. Diga-lhe algo que não pode ser feito, e é exatamente o que ele tentará fazer. Ele é destemido, mesmo quando está a 457 metros acima do Grand Canyon, com rajadas de vento de 48 quilômetros por hora.

Chamar Nik Wallenda de audacioso é eufemismo óbvio. Afinal, ele está sobre os ombros de uma família que faz pirâmides humanas em corda bamba. Mas Nik não recebe esse traço de ousadia só do seu DNA. Penso que o andador em corda bamba o recebe do próprio Andador sobre as Águas.

Surpresa e Pavor

Em inglês, há a palavra *daredevil* ("audacioso", "aventureiro", "atrevido") que tem conotações negativas, mas deixe-me tentar resgatá-la redefinindo-a. É mais do que o frívolo arriscar a vida ou ser imprudente por nenhuma boa razão. Etimologicamente, significa "desafiar o Diabo". Como tal, deve ser uma característica que define quem segue aquEle que lutou 40 *rounds* com o Diabo no deserto. A audácia é uma das dimensões mais negligenciadas e subestimadas de sua personalidade caleidoscópica.

Jesus é a definição do *desafiador do Diabo*.

Gostaria de ter visto o olhar de Jesus antes de virar as mesas dos cambistas e debandar os rebanhos para fora do templo com um chicote caseiro.[1] A parte mais surpreendente deste incidente não é o que Jesus fez, mas o que a guarda do templo não fez. Por que essa antiga equipe da SWAT não o prendeu? Surpresa e pavor! Que tipo de desafiador faria uma coisa como essa?

Somente *AquEle* que é o desafiador do Diabo.
Nas palavras intemporais de Dorothy Sayers:

Aqueles que crucificaram Jesus nunca, para fazer-lhes justiça, o acusaram de ser uma pessoa chata. Muito pelo contrário, consideravam-no extremamente dinâmico para ser digno de confiança. Foi deixado para as gerações posteriores encobrirem essa personalidade perturbadora e cercá-lo com uma atmosfera de tédio. Temos sido eficientes em aparar as garras do Leão da Tribo de Judá, em declará-lo "manso e humilde" e em recomendá-lo como animal de estimação adequado para pálidos ministros e velhas senhoras piedosas.[2]

O LADRÃO DE TÚMULOS

Se a geração de Sayers aparou as garras do Leão da Tribo de Judá, nós o castramos. Ou lobotomizamos seu lado audacioso. E depois nos perguntamos por que estamos entediados com nossa fé. Demos às pessoas um Jesus apenas o suficiente para ficarem entediadas, mas não o suficiente para ficarem atônitas e transformadas. O Cordeiro de Deus bale para nós, mas o Leão de Judá ainda ruge.

A audácia de Jesus é sintetizada pelo confronto sobrenatural com um endemoninhado chamado Legião.[3] O nome Legião é referência não tão sutil a uma divisão militar romana constituída por até 6 mil soldados. Não é de admirar que o endemoninhado não pudesse ser preso por correntes; ele tinha a força de 6 mil demônios. Um homem com o desejo de morte é particularmente perigoso. Legião vivia entre os túmulos; era uma causa perdida.

Quando Jesus aportou em Gadara, Legião o viu de longe e começou a correr em sua direção. É aqui que você tem de apertar o botão de pausa. A Bíblia não revela a reação dos discípulos, mas aposto que estavam preparados e prontos para fugir às pressas. Jesus não recuou. Ele era absolutamente audacioso e destemido em face do mal. É quando os milagres acontecem — do outro lado do medo.

As chances desta luta eram de 6 mil por 1, mas isso não impediu que Jesus desafiasse o Diabo. Em termos de boxe, foi um nocaute técnico, pois o endemoninhado caiu de joelhos antes do gongo de abertura. Jesus imergiu o Diabo expulsando a legião de demônios e mandando-a para uma vara de porcos que se afogaram no mar da Galileia.

Destemor

Em sua primeira epístola, o apóstolo João descreve o objetivo do amor:

O perfeito amor lança fora todo medo (ARA)[4]

O amor é mais do que a emoção de sentir-se bem ou de sentimentos bobos. Biblicamente falando, é sinônimo de destemor. O amor não apenas o torna fraco de joelhos. Ele também faz você ficar firme na fé, pouco importando as circunstâncias, mesmo quando você fica face a face com uma legião de demônios.

Se você teme a Deus, então não tem mais nada a temer, inclusive o próprio Diabo. Ele não tem licença para violar o seu livre-arbítrio. Ele não tem ponto de apoio, a não ser que você o dê mediante a dúvida ou desobediência. O sangue de Jesus é o seu escudo, e a Palavra de Deus é a sua espada. Você pode fazer muito mais do que resistir ao Diabo. Você pode descansar na certeza de que tem autoridade como filho do Rei.

Embora existam milhares de medos e fobias classificados, nascemos com apenas dois medos inatos: o medo da queda e o medo de ruídos altos. Todos os outros medos são aprendidos, o que significa que todos os outros medos podem ser *desaprendidos*. Mas a chave para *desaprender* é a revelação do amor de Deus. É assim que os seus medos desaparecem — o medo do fracasso, o medo da opinião das pessoas, o medo do futuro. Se você continuar a crescer no amor de Deus, tudo o que restará é o temor a Deus.

Uma das minhas orações pelos meus filhos é que eles tenham corações moles e colunas fortes. Quero que seus corações tenham a sensibilidade de ouvir a voz mansa e delicada do Espírito Santo. Oro para que seus corações se quebrantem pelas coisas que quebrantam o coração de Deus. Mas também quero que tomem posição e permaneçam firmes pelo que é certo. Vivemos em uma cultura onde é errado dizer que algo é errado. Isso não só é errado, mas também faz com que fique ainda mais difícil fazer o que é certo. É por isso que a coragem moral é o tipo mais raro de coragem. É preciso ser audacioso para fazer o que é certo.

A vontade de Deus não é um plano de seguro.
É um plano de desafio.

Não somos comissionados a guardar a fortaleza até Jesus voltar.
Ele nos ordena a invadir o território inimigo e recuperá-lo para a justiça.

Jesus não sofreu a morte brutal na cruz apenas para nos manter sãos e salvos.
Jesus morreu para nos tornar perigosos.
Ele morreu para nos tornar desafiadores do Diabo.

Milagre sob o Luar

Tendo em vista que estamos há 2.000 anos afastados dos milagres de Jesus, muitas vezes perdemos os detalhes que os tornam tão milagrosos. Tendemos a ignorar os elementos intangíveis do texto, mas a Bíblia é explícita:

E o mar se levantou, porque um grande vento assoprava.[5]

Em virtude de sua baixa altitude, o mar da Galileia tem temperaturas mais quentes sobre a superfície do que nas áreas circundantes. Não é incomum tempestades repentinas varrerem o vale do rio Jordão. Em março de 1992, uma tempestade registrou ondas de três metros que danificaram significativamente a moderna cidade de Tiberíades. O sistema de tempestade descrito no Evangelho de João pode ter produzido ondas que eram a metade ou o dobro dessa altura, mas seja como for, era a maré alta.

Não apenas leia. Registre.
Você já experimentou o poder paralisante de uma onda?

Já fui derrubado enquanto praticava bodyboard no Atlântico uma ou duas vezes. Mesmo uma onda de um metro e meio pode bater no peito com tanta força, que dificulta a respiração por um ou dois minutos ou deixa você inconsciente. Fiz um triátlon no oceano com ondas de dois metros e dez centímetros. Lutar com as ondas para chegar à primeira boia foi muito mais difícil do que cruzar a linha de chegada. Passei vinte horas em alto mar indo de uma ilha para outra em Galápagos. Nosso bote não era suficientemente grande para nossa equipe missionária ou para as ondas ondulantes, e isso fez com que perdêssemos o almoço.

Tenho um amigo que trabalha com uma escola de *surf* para aspirantes a profissionais na África do Sul. Recentemente, contou-me sobre a primeira vez que surfou as grandes ondas na Cidade do Cabo. Por grande onda, quero dizer ondulações marítimas de seis metros. Para vencer a onda, ele precisou de uma *towboard* e casaco de compressão. O casaco não o impediria de se afogar, mas o ex-surfista campeão do mundo que o deu disse-lhe que evitaria que seus intestinos explodissem, caso fosse atingido por uma forte pancada de água.

Onde quero chegar?
Jesus não apenas andou sobre as águas.
Ele moveu-se rapidamente pelas ondas.

Não sei quanto a você, mas quando estou diante de um novo desafio, costumo acumular o maior número de fatores a meu favor quanto possível. Quero uma garantia contra falhas e uma garantia de sucesso. Nessa situação, eu teria esperado até que o vento e as ondas cessassem. Definitivamente, eu teria esperado até o sol nascer. Não só porque teria sido muito mais seguro e mais fácil, mas também porque todos me veriam fazer.

Não Jesus.

Jesus faz o milagre à luz da lua, porque não estava buscando a ribalta. Era a quarta vigília da noite, imediatamente antes do amanhecer, quando é mais escura. Essa baixa visibilidade aumentou o grau de dificuldade, e não penso que o Desafiador do Diabo teria feito de outra maneira. Andar sobre as águas é impossível em qualquer circunstância, mas fazê-lo no meio da noite sobre águas agitadas é um pouco mais difícil, um pouco mais assustador.

É detalhe facilmente esquecido, mas por que os discípulos estavam remando no mar da Galileia no meio da noite, no meio da tempestade? Estavam seguindo ordens do Capitão, ordens que eu teria antecipado. Eles tinham atravessado o mesmo mar horas mais cedo naquele dia, subido uma montanha a pé e servido um jantar para 20 mil pessoas. Então, Jesus pede para trabalharem no turno da noite remando para chegar ao outro lado do mar da Galileia. Os discípulos estavam no fim das forças, em estado desesperador, mas é aí que você está chegando perto do milagre.

Águas Inexploradas

A um quarteirão da cafeteria Ebenézer, está uma estátua que homenageia um dos homônimos da cidade, Cristóvão Colombo. A inscrição diz: "À memória de Cristóvão Colombo, cuja grande fé e indomável coragem deram à humanidade um novo mundo". Colombo e sua tripulação nunca teriam descoberto o novo mundo se não tivessem deixado o velho mundo para trás. O fato mais surpreendente pode ser anterior à sua viagem que mudaria a história: nenhum dos membros da tripulação tinham estado a mais de 480 quilômetros da costa.

Nas palavras de André Gide, ganhador do Premio Nobel: "Não se pode descobrir novas terras sem aceitar perder de vista a costa por um longo tempo".[6]

O mar da Galileia tem 12 quilômetros de largura por 27 de comprimento, com profundidade máxima de 48 metros. O Evangelho de João menciona especificamente que os discípulos tinham remado 30 estádios, uns 5 quilômetros e meio mar adentro.[7] O significado é este: eles não estavam perto da costa. É aí que os milagres acontecem. Não acontecem na parte rasa da piscina. Acontecem quando você salta da plataforma de cima para a parte funda da piscina.

Foi o que fez meu amigo Jack quando se mudou para a África do Sul para discipular surfistas. Tudo o que ele tinha eram alguns dólares na carteira e a mudança no bolso — sem rede de segurança. Ele pensou que estava indo trabalhar com um ministério chamado Surf Life, mas Deus tinha planos muito diferentes para Jack. É o que acontece quando você segue Jesus. Você pensa estar indo a algum lugar para fazer alguma coisa, mas Deus tem um itinerário alternativo sobre o qual você não sabe nada. Lora e eu não nos mudamos para Washington para pastorear a Igreja da Comunidade Nacional. Ela sequer existia. Pensávamos que estávamos nos mudando para iniciar um ministério eclesiástico, mas Deus tinha um plano secreto. Ele sempre tem. Manda que zarpemos para Cafarnaum, e naturalmente pensamos que esse é o objetivo. Mas você nunca sabe quando, ou como, ou onde Jesus pode aparecer.

Quando Jack estava com 26 anos, ele ouviu a voz de Deus, enquanto se drogava na estrada I-26 nos arredores de Charleston, Carolina do Sul. Trata-se de uma circunstância improvável. Sou totalmente contra a você replicar essa circunstância! Mas revela a capacidade que Deus tem de mostrar-se em qualquer lugar, a qualquer hora, de qualquer maneira. Deus disse a Jack que, se ele o seguisse, Ele usaria a vida de Jack para contar a história de Deus e fazer um filme a esse respeito. Quando Jack partiu para a África do Sul, anos depois, essa promessa era tudo, menos uma promessa esquecida. Então, Jesus entrou em cena — andando sobre as águas.

Jack estava fazendo uma grande evangelização entre os surfistas na baía de Jeffreys. Nesse mesmo dia, o sul-africano Bruce MacDonald, diretor de cinema, e seu assistente de produção estavam pesquisando possíveis cenários para uma cena do seu próximo filme: *A Onda Perfeita*. Enquanto dirigia seu carro, Bruce sentiu uma voz mansa dizer-lhes que dobrasse na próxima esquina. Bruce tinha surfado em quase todas as praias da Baía de Jeffreys, mas nunca tinha visto a praia no final desta quadra em particular.

Quando estacionou, Bruce saiu do carro, andou direto até Jack e perguntou-lhe quem ele era. Algo tocou no espírito de ambos. Bruce rejeitara dez atores do calibre de Hollywood que tinham feito teste para contracenar com Scott, filho de Clint Eastwood. O que deve ser um dos mais estranhos testes, Jack fez uma leitura para o diretor de elenco ali mesmo, no estacionamento, e conseguiu o papel do filho selvagem. Honestamente, Jack não teve de atuar muito, visto que as cenas eram o que Jack fazia. Assim como o enredo da história da vida de Jack, o clímax do filme é a redenção. Muitos milagres não acontecem perto da praia. Você tem de remar cerca de 30 estádios mar adentro. Você tem de aventurar-se em águas desconhecidas. Se o fizer, não fique pasmado se Deus surpreendê-lo, mostrando-se nos lugares mais improváveis, nos momentos mais improváveis. Você pode até confundir Deus com um fantasma, mas essa é a natureza de Deus. O Andador sobre as Águas gosta de mover-se em nossa vida em tempos e situações difíceis. É assim que Ele se mostra e mostra o seu poder.

Capítulo

18

CORTE O CABO

Sou eu; não temais
— João 6.20

V ocê já esteve, sem dúvida, em um elevador que leva este nome. Os elevadores Otis têm sido o padrão da indústria há mais de 150 anos. Estima-se que, a cada três dias, o equivalente à população do mundo serve-se de um elevador, escada ou esteira rolante Otis.[1]

Ainda que Elisha Otis não tivesse inventado o elevador, o fabricante de bonecas que virou inventor concebeu o sistema de travagem que deu segurança aos elevadores. Essa invenção tornou os modernos arranha-céus possível. Sem um sistema de travagem de confiança, os elevadores estariam confinados a terra, e construir edifícios altos limitar-se-iam a seis andares para subir por escada. Com ele, o céu era o limite.

Os elevadores Otis são o principal meio de transporte vertical nos edifícios mais altos e mais famosos do mundo, entre eles a Torre Eiffel, a Torre Sears e o Empire State Building. Antes da queda das Torres Gêmeas em 11 de setembro de 2001, os elevadores Otis de alta velocidade tinham a capacidade de transportar uma carga útil de quatro toneladas e meia em 110 andares em menos de um minuto. Tragicamente, os poços dos elevadores transformaram-se em chaminés de 417 metros que deram vazão ao combustível dos aviões e canalizaram a fumaça depois que o primeiro avião sequestrado atingiu a Torre Norte às 8h46. Providencialmente, os elevadores Otis na Torre Sul foram o meio de salvação para as milhares de pessoas que não teriam tempo de fugir pelas escadas antes do voo 175 se chocar contra a Torre Sul às 9h03.

Elisha Otis só conseguiu vender seus elevadores depois que tramou uma das abordagens de vendas mais persuasivas da história durante a Exposição do Palácio de Cristal em 1854. Posicionando-se em cima de uma plataforma controlada por seu sistema de travagem recentemente instalado, Otis ordenou que um lenhador cortasse o cabo a machadadas. Foi uma proeza da gama do Cirque du Soleil. O sistema de travagem não só deteve a queda-livre, mas disparou as vendas.

Tenho amigos empreendedores que são muito similares a Elisha Otis. Eles abriram uma empresa que fabrica um tipo de colete à prova de balas que pesa pouco menos de 15 gramas por centímetro quadrado. Quando se trata de colete à prova de balas, não há margem para erro. Para demonstrar a eficácia, eles vendem o produto atirando em um voluntário que esteja disposto a usá-lo. Pegaram a ideia do designer original, que mandou um empregado atirar nele com um revólver, enquanto usava o colete à prova de balas que ele criou.

Fé é puxar o gatilho e crer que o colete à prova de balas deterá a bala.
Fé é cortar o cabo e crer que o sistema de travagem deterá a queda.
Fé é sair do barco e crer que a água sustentará o seu peso.

Não me lembro de quem disse ou onde ouvi, mas sempre foi uma das minhas definições de fé de que mais gosto: *fé é subir num galho de árvore, cortar o galho e ver a árvore cair*. Para Lora e eu, foi nossa mudança que atravessou o país até chegar a Washington. Não só subimos no galho de árvore. Nós o cortamos.

No relato que Mateus faz desse milagre, Pedro também anda sobre as águas.² Não sei que pensamentos lhe cruzaram a mente quando desceu da popa do barco de pesca, mas ele deve ter sentido o mesmo misto emocional de medo e fé que Elisha Otis sentiu quando cortou o cabo. Mas isso é fé. A mente lógica vê apenas duas opções para sair de um barco no meio do lago: nadar ou afundar. É por isso que as pessoas permanecem dentro dos limites confortáveis do barco. É por isso também que as pessoas nunca andam sobre as águas.

A Onisciência de Deus

Três autores dos Evangelhos registraram o milagre de Jesus andar sobre as águas. João enfoca o ato principal: o próprio Andador sobre as Águas. O Evangelho de Mateus fornece o prólogo e o segundo ato. O primeiro detalhe que Marcos acrescenta ao seu drama documentário inspirado pelo Espírito é o fato de Jesus ver os discípulos se fatigarem a remar.³ Passamos por cima dessa informação, mas como Ele os viu? Não é como se Jesus tivesse óculos de visão noturna ou binóculos.

Tecnicamente falando, o objeto mais distante visível a olho nu é a galáxia de Andrômeda, situada a 2,6 milhões de anos-luz da Terra. Um trilhão de estrelas dessa emitem emite luz suficiente para milhares de fótons atingirem cada centímetro quadrado da Terra a cada segundo. Em uma noite escura, é suficiente para eletrificar nossa retina. Claro que Jesus não estava olhando para o céu. Estava olhando para o mar. A terra encurva a visão a uma distância de 5 quilômetros. Portanto, tendo em vista que os discípulos estavam a 5 quilômetros e meio mar adentro, estavam fora do alcance visual. Mesmo que levemos em conta a distância extra até ao horizonte, em virtude do fato de Jesus ter subido a montanha quando os discípulos zarparam, ainda não podemos explicar o fato de estar escuro como breu. Já naveguei pelo mar da Galileia depois de anoitecer e, sem iluminação artificial, dificilmente dá pera ver a mão na frente do rosto. No entanto, Jesus vê frustração no rosto dos discípulos a 7 mil passos. É um milagre dentro de um milagre.

Isso revela mais uma vez que Deus é grande não só porque nada é grande demais para Ele. Deus é grande porque nada é pequeno demais para Ele. Ele se importa com cada detalhe da sua vida, leitor! Se é importante para você, é importante para Deus. Há mais de 400 nomes de Deus na Bíblia, cada um revelando uma dimensão diferente da personalidade caleidoscópica divina. Ele é Jeová-Jiré, o Deus que provê. Ele é Jeová-Rafá, o Deus que cura. Um dos meus favoritos é Jeová-Rohi, o Deus que vê.

Este não é o primeiro milagre previdente no Evangelho de João. Lembra-se do encontro de Jesus com Natanael? Jesus disse: "Te vi eu estando tu debaixo da figueira".[4] É uma alusão misteriosa ao que deve ter sido um momento decisivo na vida de Natanael. Natanael experimenta um grande salto de fé. Em uma fração de segundo, ele vai de "Pode vir alguma coisa boa de Nazaré?" para "Rabi, tu és o Filho de Deus".[5] Tudo porque Jesus podia ver nos cantos!

A Mão Invisível

George Washington, o primeiro presidente americano, pode ter tido uma apreciação mais profunda pela providência de Deus do que qualquer outra pessoa de sua geração. Em 30 de abril de 1789, fez seu primeiro discurso inaugural, prestando homenagem à providência de Deus em sua vida e na vida de seu país. Ele disse:

> Nenhum povo pode sentir-se mais obrigado a reconhecer e adorar a mão invisível que conduz os assuntos dos homens que o dos Estados Unidos. Cada passo para o qual o caráter de uma nação independente avançou parece ter sido distinguido por algum sinal da intervenção providencial.[6]

Essas não foram palavras ditas em um vácuo. Tinham significado pessoal pungente. Quando o presidente Washington estava na varanda da Câmara Federal em Nova York, deve ter experimentado um flashback de 44 anos até a Batalha de Monongahela em julho de 1755. O então coronel de 23 anos do exército britânico teve dois cavalos mortos à bala enquanto os montava um por vez, e quatro balas de mosquete passaram pelo seu casaco. Um índio americano chamado Redhawk (Falcão Vermelho) afirmou, mais tarde, ter atirado em Washington nada menos que 11 vezes. Ele estava convencido de que Washington era à prova de balas. Dos 300 soldados britânicos, apenas 30 sobreviveram. Todos os outros líderes que estavam a cavalo, exceto George Washington, foram mortos. Em carta a seu irmão, Washington escreveu: "A morte estava derrubando meus companheiros de todos os lados, mas pelas dispensações todo-poderosas da Providência de Deus, fui protegido".[7]

Quinze anos após essa batalha, Washington voltou ao território selvagem na Reserva Ocidental, onde encontrou a mesma tribo de nativos americanos. Como era de se esperar, o chefe índio reconheceu Washington imediatamente. O soldado que lutou na Guerra de Independência dos Estados Unidos tinha em média 1,55 de altura. Washington tinha pelo menos 1,88 de altura. O diálogo foi registrado pela primeira vez no livro *A História dos Estados Unidos*, de George Bancroft, publicado em 1838.

Através de intérprete, o chefe da tribo indígena fez uma profecia surpreendente de proporções:

> Eu sou o chefe e governante das minhas tribos. Minha influência estende-se até às águas dos grandes lagos e às montanhas mais azuis. Percorri um caminho longo e cansativo para poder ver o jovem guerreiro na grande batalha [Washington].
>
> Foi no dia em que o sangue do homem branco se misturou com os cursos d'água de nossa floresta, que vi pela primeira vez este chefe [Washington]. Chamei meus jovens e disse: "Estão vendo aquele guerreiro alto e ousado? Ele não é da tribo dos soldados britânicos. Ele tem a sabedoria de um índio, e seus guerreiros lutam como nós. Sozinho, ele está exposto. Rápido, que a pontaria de vocês seja certeira para que ele morra". Apontamos nossos rifles, apontamos os rifles só nele, sem saber que não o acertaríamos. Foi tudo em vão; um poder muito mais forte do que nós o protegeu do mal. Ele não pode morrer em batalha.

O LADRÃO DE TÚMULOS

Sou velho, e em breve serei recolhido ao grande fogo do conselho de meus pais na terra das sombras, mas antes de ir, há algo que me manda falar com voz de profecia: Ouçam! O Grande Espírito protege esse homem, e guia seu destino. Ele será o chefe das nações, e um povo ainda por nascer o saudará como fundador de um poderoso império.[8]

Essas palavras foram pronunciadas muito antes que a declaração de independência fosse assinada, ou antes que fosse ouvido o primeiro tiro que desencadeou a Guerra de Independência dos Estados Unidos. Antes de os Estados Unidos tornarem-se Estados Unidos, o destino único como nação foi proferido por um índio americano que reconheceu a providência de Deus quando a viu.[9]

Para Deus, não há passado, presente ou futuro. Não há aqui ou ali. O Onisciente vê tudo e sabe de tudo. Tem percepção infinita e presciência eterna. Uma coisa que Deus não é capaz de dizer é: "Eu não vi que ia acontecer". Nada o pega de surpresa. Na verdade, Ele fez provisão para todas as contingências da história humana antes da criação do universo.

Milagres são frestas por onde espreitamos o cuidado providencial de Deus. São as interseções onde o poder e a compaixão desfilam a glória de Deus. O quinto milagre não é uma simples proeza. É mais do que a exibição de uma vitalidade estonteante. É a imagem de Jesus respondendo compassivamente aos seus amigos cuja força acabara.

Açoitado pelas Ondas

Para mim, o quinto milagre é exclusivamente pessoal por causa de uma experiência traumática de minha infância. Durante as férias no lago Ida em Alexandria, Minnesota, levantei-me cedo para chegar na frente em nossa competição de pesca entre a família.

Era a primeira vez que eu saía sozinho no barco a remo de alumínio de 2,75 metros de cumprimento. Esgueirei-me pela cabine sem que ninguém soubesse, porque não queria acordar meu irmão.

Corte o Cabo

Foi só quando me encontrava a uns 180 metros no lago que percebi que um forte vento de cauda me empurrava para o meio do lago. Tentei remar para trás, mas era uma batalha perdida. Foi quando o medo agarrou meu coração de dez anos de idade. Por uma fração de segundo, pensei em saltar do barco e nadar até a margem, mas tal decisão teria sido pior e, possivelmente, a última da minha vida. Em vez disso, levantei-me e comecei a acenar freneticamente com as mãos e gritar, esperando que alguém me visse ou me ouvisse.

Felizmente, um casal de velhos pescadores que estavam comendo o desjejum veio em meu socorro. No momento em que me alcançaram, eu tinha derivado para o outro lado do lago. Eles me ajudaram a entrar em seu barco e rebocaram o meu barco de volta à praia de Bedman.

Enquanto isso, meus pais formavam um grupo de busca quando descobriram que seu filho e o barco a remo tinham desaparecido. Entraram em uma lancha para cruzar o lago para me procurar. Foi quando viram um casal de pescadores rebocando um barco a remo vazio. Seus corações bateram forte, porque não estavam me vendo envolto em uma toalha atrás da proa do barco do casal. Nunca vi meus pais mais bravos ou alegres; não sabiam se me abraçavam ou se me batiam. Nunca esquecerei o sentimento de afogamento por ter sido açoitado pelos ventos e pelas ondas. Foi o medo extremo unido ao sentimento de inutilidade.

Na tripulação a bordo do SS *Apóstolo,* estavam pescadores aptos para navegar, e não pescadores amadores de dez anos de idade. Porém, Mateus escolhe as palavras cuidadosamente: "Açoitado pelas ondas".[10] Os discípulos estavam lutando uma batalha perdida.

Escute, se você estiver lutando contra o câncer ou lutando para salvar seu casamento, haverá dias em que se sentirá açoitado pelas ondas do desânimo. Talvez você esteja se afogando num mar de dívidas. Conheço esse sentimento de afogamento, mas não dá para ter uma recuperação sem ter um revés. Lembra-se do que dissemos no início? Todos queremos um milagre, mas ninguém quer estar em uma situação que exija um! Queremos uma navegação sem problemas, no entanto esse tipo de navegação nos afasta do milagroso. O pré-requisito é uma tempestade perfeita. É no momento em que você se sente impotente e sem esperança que a onipotência de Deus suplanta a impotência que esteja sentindo como um tsunami com ondas de 15 metros.

Segundo Ato

Tenho uma confissão a fazer: grito durante os filmes de alienígenas. Eu até tento abafá-los, mas você não vai querer estar perto dos meus cotovelos se estivermos assistindo a esses filmes. Meu pai me levou para ver *Contatos Imediatos de Terceiro Grau*, de Steven Spielberg, quando eu tinha sete anos, e eu ainda estou me recuperando. Sua pipoca e refrigerante não estarão seguros se você estiver sentado ao meu lado.

Minha reação a cenas de filmes de alienígenas é uma boa aproximação de como os discípulos reagiram quando viram Jesus andando sobre as águas. Mateus diz que "gritaram, com medo".[11] Ele deve saber porque estava lá! *Emitiram um som agudo* pode ser uma tradução melhor. Não penso que Jesus deixou que se esquecessem dessa reação. Provavelmente, Ele reencenou o ato uma ou duas vezes quando queria dar boas risadas. Não está vendo Jesus se esconder pelos cantos e aparecer de supetão para provocar o mesmo grito dos discípulos?

A reação inicial dos discípulos foi de puro terror. Na verdade, pensaram ter visto um fantasma. Mas é a "tomada dois" de Pedro que Mateus ressalta:

Senhor, se és tu, manda-me ir ter contigo por cima das águas.[12]

Pedro é conhecido como o discípulo que negou Jesus, mas ele foi o único que chegou suficientemente perto para ser pego. Foi também o único discípulo que se atreveu a lançar-se ao mar. Mateus revela que Pedro perdeu o foco e perdeu a fé. Tirou os olhos de Jesus e afundou no mar, mas pelo menos saiu do barco. E por poucos segundos, andou sobre as águas!

Na minha experiência, os críticos dos que andam sobre as águas objurgam sentados confortavelmente no barco. Quanto mais você realiza para o Reino de Deus, menos crítico você se torna. Os fracassos nos tornam mais perdoadores. Os andadores sobre as águas preferem cometer erros a perder oportunidades. Preferem afundar a sentar-se.

No entanto, permita-me dar-lhe uma regra de ouro. Se você for sair de um barco no meio do mar da Galileia, no meio da noite, é melhor certificar-se de Jesus ter dito: "Vem".

Claro que se Jesus diz: "Vem", é melhor não ficar no barco. É fácil enxergar a diferença? Não. Mas prefiro tropeçar e machucar o dedo do pé do que ficar sentado confortavelmente. Afinal, você não pode ser as mãos e os pés de Jesus enquanto você estiver sentado.

Não se engane, inação é ação. E os arrependimentos pela inação nos assombrarão pelo resto da vida. Morreremos nos perguntando: *E se?* Mas, se você sair do barco, é bem possível que possa andar sobre as águas.

Chega um momento em que você precisa dar um passo radical de fé. Esse momento definirá cada momento que se segue. O primeiro passo é sempre o mais longo e o mais difícil. Mas tomando emprestado as palavras de um andador na lua chamado Neil Armstrong, um pequeno passo pode se transformar em um salto gigante.

O SEXTO SINAL

E, passando Jesus, viu um homem cego de nascença. E os seus discípulos lhe perguntaram, dizendo: Rabi, quem pecou, este ou seus pais, para que nascesse cego? Jesus respondeu: Nem ele pecou, nem seus pais; mas foi assim para que se manifestem nele as obras de Deus. Convém que eu faça as obras daquele que me enviou, enquanto é dia; a noite vem, quando ninguém pode trabalhar. Enquanto estou no mundo, sou a luz do mundo. Tendo dito isso, cuspiu na terra, e, com a saliva, fez lodo, e untou com o lodo os olhos do cego. E disse-lhe: Vai, lava-te no tanque de Siloé (que significa o Enviado). Foi, pois, e lavou-se, e voltou vendo. Então, os vizinhos e aqueles que dantes tinham visto que era cego diziam: Não é este aquele que estava assentado e mendigava? Uns diziam: É este. E outros: Parece-se com ele. Ele dizia: Sou eu. Diziam-lhe, pois: Como se te abriram os olhos? Ele respondeu e disse-lhes: O homem chamado Jesus fez lodo, e untou-me os olhos, e disse-me: Vai ao tanque de Siloé e lava-te. Então, fui, e lavei-me, e vi.

— João 9.1-11

Capítulo

19

NUNCA DIGA NUNCA

Nunca se ouviu que alguém abrisse os olhos a um cego de nascença.
— João 9.32

No meio do Pacífico Sul, uma pequena ilha chamada Pingelap pontilha o mapa. Sua massa de terra total é de menos de 5 quilômetros quadrados, e a maior elevação na ilha é de apenas 3 metros acima do nível do mar. Quando Typhoon Lengkieki devastou a ilha em 1755, destruiu toda a vegetação e afogou 90% de seus habitantes. Os vinte sobreviventes recorreram à pesca como único meio de sobrevivência até que a ilha fosse recoberta de vegetação.

Após o grande tufão, uma peculiaridade genética evoluiu. Uma parte surpreendentemente grande da próxima geração nasceu daltônica. No resto do mundo, menos de uma em 30 mil pessoas são daltônicas. Na ilha de Pingelap, uma em 12 pessoas nascem com a condição. O alto percentual pode ser atribuído ao fato de que várias pessoas no conjunto genético sobrevivente tinham uma rara mutação genética responsável pela acromatopsia congênita.

As pessoas com visão normal têm cerca de 7 milhões de cones nos olhos que permitem distinguir 10 milhões de cores. Os portadores de acromatopsia não têm cones funcionais. Eles dependem exclusivamente de bastonetes fotorreceptores de pouca luz que estão na retina. São tão hipersensíveis à luz que usam óculos muito escuros e envolventes ou evitam a luz. A má acuidade visual os obriga a usar um monóculo para ler textos ou ver as coisas à distância.

A triste ironia é que poucos lugares na Terra são tão bonitos ou coloridos como esse paraíso tropical. "Era impressionante como tudo era verde em Pingelap", observa Oliver Sacks no livro *A Ilha dos Daltônicos*. "Não apenas a folhagem das árvores, mas os frutos também."[1] As frutas exóticas brilhantemente coloridas parecem tão boas quanto gostosas, mas os pingelapianos daltônicos não conseguem perceber as cores de *crayon* por causa de uma mutação genética.

Os geneticistas descobriram quatro causas da acromatopsia congênita. Três são mutações nos canais iônicos dos nucleotídeos cíclicos das células cones CNGA3 e CNGB3, bem como na transducina da célula cone GNAT2. A mais recente descoberta é uma mutação do gene PDE6C, localizado no cromossomo lócus 10, 10q24.

Quando foi a última vez que você agradeceu a Deus pelo cromossomo lócus 10, 10q24? Ou por qualquer uma dessas células ou cromossomos?

Os Olhos da Mente

Aos seis meses de idade aproximadamente, as crianças começam a desenvolver imagens internas das realidades externas. Os psicólogos referem-se a essa capacidade de criar e catalogar imagens mentais como inteligência representacional. Como uma Polaroid de lento desenvolvimento, essas imagens internas são desenvolvidas na câmera escura dos olhos da mente.

A primeira imagem interna é a mãe, que se desenvolve aos seis meses de idade. O pai não entra em cena até aos oito meses. Dê às crianças alguns anos, e todo o seu vocabulário terá uma imagem associada. Mas se a visão não se desenvolver normalmente, os olhos da mente também não se desenvolverão.

Para os olhos que veem, as palavras despertam imagens.

Se eu disser *Casa Branca*, uma imagem da Avenida Pensilvânia, nº 1600, aparece na minha mente. O mesmo ocorre com *lago,* ou *carro*, ou *animal de estimação*. Preenchemos os espaços em branco de forma diferente, mas temos imagens que correspondem a essas palavras. Vejo o lago Ida em Alexandria, Minnesota; meu primeiro carro, um Dodge Colt 1985, carinhosamente apelidado de Batmóvel; e nosso cachorro, Mickey.

O que isso tem a ver com o sexto sinal?

O cego de nascença tinha tantas palavras em seu vocabulário quanto nós, mas zero imagem mental. Seu álbum de fotografias estava vazio; uma existência sem imagens. Ele não podia imaginar o rosto de sua mãe ou de seu pai. Ele ouvia os amigos descreverem a beleza do lírio e o esplendor do pôr do sol em Jerusalém, mas não podia imaginá-los, porque nunca os vira. Ele nunca vira a si mesmo no espelho, então, literalmente, não tinha autoimagem. Ele não podia sequer identificar-se em uma fila de pessoas.

Imagine fechar os olhos e nunca mais poder abri-los. O mundo seria escuro, mas na câmara escura da mente, você ainda poderia desenvolver figuras das imagens que viu antes. Mas se desde o início, seus olhos nunca foram abertos, então sua mente seria incapaz de imaginar algo. Esse era o único mundo conhecido do cego de nascença.

É difícil imaginar este momento milagroso, porque não podemos simplesmente deixar de ver o que vemos, mas penso que experimentaremos algo semelhante quando cruzarmos o *continuum* espaço-temporal. Nosso corpo glorificado terá sentidos glorificados. Ouviremos oitavas angelicais que são inaudíveis aos ouvidos terrenos e veremos cores celestiais que são invisíveis aos olhos terrenos.

O que veremos primeiro?

Ironicamente, penso que veremos exatamente o que o homem que nasceu cego viu primeiro: o rosto de Jesus.

Bons Olhos

Durante meu último ano do ensino médio, meu treinador de basquete percebeu que eu apertava os olhos na linha de lance livre.

O LADRÃO DE TÚMULOS

Então, ele sugeriu que eu consultasse um médico. Honestamente eu pensava que minha visão fosse normal, mas o oftalmologista me informou que eu tinha uma visão 20/40. Eu via a 6 metros o que as pessoas com visão normal podiam ver a 12 metros, o que explica meu percentual de arremessos da linha de lance livre.

Você vive muito bem com uma visão 20/40. Pode tirar carteira de motorista, ler textos e reconhecer rostos. Mas lhe falta acuidade visual. Os objetos distantes parecerão embaçados.

Nunca esquecerei o percurso de carro para casa depois de colocar lentes de contato pela primeira vez. Quase não consigo dizer em palavras. Foram apenas cinco minutos de carro, e tínhamos feito esse percurso milhares de vezes. Mas era como se eu estivesse vendo o mundo pela primeira vez! Lembro-me de ter visto flores rosas e roxas que estavam tão vivas, tão coloridas e tão bonitas que eu mal podia acreditar no que via.

Finalmente, pude ver o que sempre esteve lá.

O cego de nascença deve ter se sentido esmagado pelas imagens que o assolavam a alta velocidade, mas ele as viu pelo que são: milagres.

> A candeia do corpo é o olho. Sendo, pois, o teu olho simples, também todo o teu corpo será luminoso; mas, se for mau, também o teu corpo será tenebroso.[2]

Não vemos o mundo como ele é. Vemos o mundo como nós somos.

Não posso ler esse versículo sem ouvir meu treinador de beisebol da Liga Pequena gritar: "Bons olhos, bons olhos!". No contexto do beisebol, significa não se mover nos maus arremessos. No contexto bíblico, significa olhar as coisas do ponto de vista dos olhos de Deus. Quando você olha a vida por olhos bons, você descobre que há muito mais do que parece!

A única diferença entre ver e não ver os milagres é com que olhos estamos olhando. Os rabinos judeus fazem distinção entre *olhos bons* e *olhos maus*. Ambos tinham a ver com a atitude da pessoa em relação aos outros. Olhos maus tornavam-se olhos cegos para os pobres. Olhos bons referiam-se à capacidade de a pessoa ver e aproveitar todas as oportunidades para ser bênção para os outros.

Toda Ciência

Dividi minha formação educacional entre opostos polares: a Universidade de Chicago e a Faculdade Bíblica Central. Mas eu não trocaria qualquer uma das duas. O currículo da Faculdade Bíblica Central estabeleceu uma base teológica firme quando estudei tudo, por exemplo, pneumatologia, soteriologia, escatologia.[3] Mas se você me perguntasse qual disciplina do ensino superior teve a maior influência na minha teologia, eu teria de dizer que foi a disciplina de imunologia na Universidade do Centro Hospitalar de Chicago. A ironia é que minha professora não citou Deus uma vez sequer nas aulas. Nem sei se ela acreditava em Deus. Porém, toda aula sobre o sistema imunológico era uma exegese brilhante do Salmo 139.14: "Eu te louvarei, porque de um modo terrível e tão maravilhoso fui formado". Lembro-me de sair de uma dessas aulas louvando a Deus pela hemoglobina!

Essa disciplina não só me deu uma apreciação profunda pelos meandros do sistema imunológico; também concebeu em mim a profunda convicção de que *toda ciência é um ramo da teologia*.

Embora a Bíblia pertença a uma categoria distinta como revelação especial, Deus revela diferentes facetas de quem é por intermédio da natureza. Se você fechar os olhos à revelação natural, a revelação especial não será tão especial. Albert Einstein foi feliz quando disse: "A ciência sem a religião é manca, e a religião sem a ciência é cega".[4]

Quer você saiba ou não, o astrônomo que mapeia as estrelas, o geneticista que mapeia o genoma, o oceanógrafo que explora a barreira de recife, o ornitólogo que estuda e preserva as espécies de aves raras, o físico que tenta pegar os quarks e o químico que sintetiza compostos químicos em drogas farmacêuticas estão indiretamente estudando o Criador ao estudarem sua criação.

Sempre haverá os cientistas que rejeitam a existência daquEle que criou o currículo deles, mas só porque eles mantêm a fé fora da equação da ciência não significa que devemos manter a ciência fora da equação da fé. Em minha experiência, a ciência acrescenta dimensionalidade à teologia. É por isso que minha biblioteca está cheia de livros sobre grande variedade de assuntos, como a entomologia, a neurologia, a oftalmologia. Embora eu saiba esses assuntos o bastante para ser perigoso, eles aumentam infinitamente o meu apreço pelo Criador e sua criação.

A ciência é um substituto pobre da Bíblia, mas lhe faz um complemento maravilhoso. De fato, há milagres que não fazem sentido sem a ciência. O sexto milagre é um deles. Assim como um pouco de química aumenta nossa apreciação de Jesus modificar as moléculas de água, um pouco de neurologia vai longe em explicar a cura milagrosa de um cego de nascença.

Sinaptogênese

Muitos de nós consideramos a visão como coisa natural, a menos que a percamos; porém, mesmo o processo mais simples é divinamente complexo. A retina, por exemplo, realiza cerca de 10 bilhões de cálculos a cada segundo, e isso antes que a imagem percorra o nervo óptico até chegar ao córtex visual. O Dr. John Stevens coloca a ideia desta forma:

> Simular dez milissegundos do processamento completo de uma única célula nervosa da retina exigiria cerca de 500 equações diferenciais não-lineares simultâneas e gastaria, pelo menos, alguns minutos de processamento em um supercomputador Cray. Tendo em mente que existem mais de 10 milhões de células que interagem entre si de forma complexa, seriam necessários um mínimo de cem anos do tempo do supercomputador Cray para simular o que acontece no seu olho a cada segundo.[5]

Honestamente, não tenho ideia do que isso significa. Mas é exatamente o que quero dizer.

O ouvido que ouve e o olho que vê, o Senhor os fez a ambos.[6]

Versículos como esse entram por um ouvido e saem pelo outro. Sequer mostramos estupefação, mas levaria uma vida inteira de investigação para fazer a exegese e apreciar todas as nuances óticas e auditivas de apenas este versículo da Bíblia. Mas o sexto milagre vai muito além de curar olhos cegos.

Quatro principais tipos de milagres de cura são repetidos nos Evangelhos. Jesus fez os coxos andarem, os mudos falarem, os cegos verem e os surdos ouvirem. Ainda que todos os quatro sejam por si só surpreendentes, a cegueira implica em maior grau de dificuldade, devido à complexidade do olho humano. Mas o sexto milagre está em uma categoria única. Jesus não apenas cura um cego; Ele cura um cego de nascença. O significado é este: não havia conexões sinápticas entre o nervo óptico e o córtex visual no cérebro deste cego.

Esse milagre de cura não era tão simples como corrigir astigmatismo, curar uma cicatriz na córnea ou remover catarata. Jesus faz uma ligação no cérebro do cego criando um caminho sináptico que não existia.

Não é nada menos que sinaptogênese.

No dia quarenta e dois após a concepção, o primeiro neurônio é formado no cérebro do bebê. Ao nascer, o bebê terá aproximados 86 bilhões de células cerebrais.[7] À medida em que o recém-nascido experimenta novas imagens e sons, o cérebro começa a formar conexões neuronais chamadas sinapses. Quase como cabos telefônicos que cruzam a cidade, as sinapses cruzam o córtex cerebral. Quando o bebê tiver apenas seis meses de idade, cada célula cerebral terá cerca de 18 mil conexões.

Este processo milagroso é chamado de sinaptogênese, e na minha humilde opinião, a sinaptogênese é quase tão surpreendente quanto o próprio Gênesis. Se a mente humana é a grande obra de Deus, então a sinaptogênese é a Sinfonia Nº 5 em Dó Menor.

O Dr. Harry Chugani, neurologista pediátrico que utilizou pela primeira vez a Tomografia por Emissão de Pósitrons (PET), compara o processo a um reator nuclear. Milhões de neurônios estão disparando bilhões de caminhos neurais a cada segundo de cada dia. De acordo com Chugani, o cérebro de um bebê pulsa cerca de 225 vezes a taxa média do adulto. Se você é pai ou mãe, enão isso explica praticamente tudo, não é mesmo? Não é de admirar que é muito difícil mantê-los seguros em uma cadeira alta!

Nunca Diga Nunca

Você sabia que os bebês nascem legalmente cegos? Devo não ter visto esse memorando! Mas talvez seja uma bênção disfarçada. As caretas que fazemos para os recém-nascidos podem assustá-los e marcá-los pelo resto da vida se pudessem vê-las.

Ao nascer, a visão do bebê não é melhor que 6/60. Ele vê a 6 metros o que o adulto de visão normal vê a 60 metros, e não podem focar em algo que esteja além de 30 centímetros de distância. Por isso, o toque é tão crítico nas primeiras fases da vida do bebê. É assim que eles interpretam o mundo. Depois de oito meses, a acuidade visual, a visão de cores e a percepção de profundidade é compatível com as dos adultos que fazem caretas para eles.

Durante esse processo de desenvolvimento, as janelas da oportunidade se abrem e se fecham como um relógio. A visão, por exemplo, é desenvolvida principalmente entre o nascimento e o ano e meio, e a sinaptogênese no córtex visual atinge o pico aos três meses mais ou menos. É quando o milagre fica fascinante. Se você colocasse uma venda sobre o olho de um bebê recém-nascido e não o tirasse durante os primeiros anos de vida, o bebê ficaria cego daquele olho pelo resto da vida, mesmo não havendo deformidade física ou defeito genético. A razão é simples: nenhuma sinapse teria se formado entre o córtex visual e o nervo óptico.

Agora, voltemos para o cego de nascença.

Os oftalmologistas diriam que essa condição é irreversível. A janela natural da oportunidade teria se fechado. Mas é aí que Deus realiza seus maiores milagres. Os anos de fertilidade passaram Sara por muitas luas antes de Isaque nascer, mas isso não impediu que Deus abrisse uma janela sobrenatural da oportunidade e cumprisse sua promessa. Esse milagre pós-menopausa é arrematado pelo nascimento virginal. Antes que a janela natural da oportunidade se abrisse para Maria, o Filho de Deus foi concebido pelo Espírito de Deus.

Você já teve a sensação de ter perdido a janela da oportunidade?

Talvez você já tenha perdido a conta de quantos especialistas consultou ou quantos tratamentos fez. Seu casamento terminou em divórcio, e você não sabe se poderá amar alguém, muito menos confiar em alguém outra vez. Erros repetidos parecem ter sabotado a integridade que você tinha. Um estigma social condenou você ao ostracismo em relação aos amigos e familiares. Você se sente aos frangalhos sexualmente falando que não faz mais ideia de como é ou de qual é a sensação de ter uma sexualidade saudável.

Essas não são situações hipotéticas. Essas são pessoas que Jesus curou: a mulher com fluxo de sangue, a mulher junto ao poço, o cobrador de impostos, o leproso e a mulher apanhada no ato de adultério.

Não conheço as circunstâncias específicas de sua vida, porém sei que Deus pode criar novos caminhos sinápticos ou curar os antigos. Ele é o Deus da segunda chance, e da terceira, e da quarta, e da milésima.

Nunca é pouco demais.

Nunca é tarde demais.

Quando Jesus se envolve, *nunca diga nunca*!

Capítulo

20

A LIGA DOS MILAGRES

Quem pecou, este ou seus pais, para que nascesse cego?
— João 9.2

Meus amigos John e Tricia Tiller tiveram o pior pesadelo de um pai e mãe quando seu filho de três anos de idade caiu acidentalmente de uma janela da sala no segundo andar. Eli foi levado imediatamente ao hospital, onde ficou em coma por três semanas. Sobreviveu milagrosamente, mas não sem danos cerebrais significativos. Eli teve de reaprender todas as funções motoras básicas, como a fala e a mobilidade. Apesar das orações de seus pais e intermináveis horas de fisioterapia, Eli ainda tem limitações importantes. A visão periférica de ambos os olhos é restrita, e as habilidades motoras do lado esquerdo do corpo são reduzidas. Eli fala com gagueira severa e anda com claudicação pronunciada, mas tem a voz de um anjo e o correspondente espírito doce. Seu passo não é perfeito, mas ninguém ficou de olhos secos quando ele cantou "I Will Rise" na Igreja da Comunidade Nacional.

John e Tricia já agradeceram a Deus inúmeras vezes por Ele ter salvado o filho deles, mas suas orações pela cura milagrosa ficaram sem resposta. Eles fizeram tudo o humanamente possível para ajudar o filho e gastaram dezenas de milhares de dólares em equipamento médico não coberto pelo seguro. Nos primeiros três anos após a cirurgia, gastaram 80% de todas as horas de vigília em fisioterapia. Eles continuam a acreditar que Deus lhes curará o filho. Nas palavras de John:

— Já esperamos e esperamos. Sabíamos que um dia estaríamos em pé na frente de multidões, dizendo: "Olha o que o Senhor tem feito! Ele curou completamente o nosso filho". Mas não foi o que aconteceu.

O que você faz quando o milagre pelo qual você está crendo em Deus não acontece? Ou então quando não importa o fervor com que ora ou o tempo que espera, e o dia nunca chega?

Às vezes, você precisa insistir no milagre, como a mulher com o fluxo de sangue que insistiu e continuou a insistir por 12 longos anos.[1] Mas, às vezes, você precisa aceitar a nova normalidade e reconhecer que Deus quer glorificar-se de um jeito que você não escolheria. É preciso tremendo discernimento espiritual para saber quando acreditar no quê. Nas palavras de John:

— Depois de três anos fazendo tudo o que podíamos pelo nosso filho, era hora de aceitar sua condição e optar por viver a vida com a deficiência. Essa deficiência era algo que não conseguimos remover, e evidentemente Deus estava escolhendo não curar Eli. Tivemos de queimar nossos antigos *scripts* e esperar para ver o que Deus poderia fazer com o nosso novo *script*. Pelos últimos cinco anos, aceitamos a vida com a deficiência. Isso não significa que parei de orar pelo meu filho. Como qualquer pai, eu daria meu braço direito para ver meu filho curado. Mas em vez de ficar desanimado ou com raiva, optei por esperar para ver o que Deus pode fazer.[2]

Por quê, Deus?

Depois do acidente, quando a vida voltou ao normal para todos não imediatamente afetados por ele, John duelou com a dúvida. Começou a interrogar Deus com perguntas de *por quê?*:

A Liga dos Milagres

— "Por quê, Deus? Por que meninos caem de janelas? Por que o meu menininho caiu da janela? Por que ele? Por que eu?". Vasculhei a Bíblia em busca de uma resposta, e constatei que "Por quê, Deus?" não é uma pergunta nova.[3]

John encontrou a resposta à pergunta no Evangelho de João. A família e amigos do cego de nascença fizeram uma pressuposição falsa — uma pressuposição que aumentou ainda mais a situação penosa, uma pressuposição que infligiu dor e sofrimento emocional indevido. Já era difícil ser cego, mas suportar o peso da responsabilidade por algo que não era sua culpa deve ter sido quase intolerável. A falsa pressuposição mostra-se pela pergunta feita a Jesus: "Quem pecou, este ou seus pais"?[4] Presumiram que era uma maldição de gerações, um problema de pecado ou questão de falta de fé. Mas não era nenhuma das opções acima. Jesus acaba com os mal-entendidos quando revela a verdadeira razão:

Foi assim para que se manifestem nele as obras de Deus.[5]

Quando a vida não vai de acordo com os planos, naturalmente procuramos alguém ou algo para culpar. Essa tendência remonta ao jardim do Éden, quando Eva cunhou a desculpa: "Foi o Diabo que me fez fazer isso". Mas ninguém ganha no jogo da culpa! E geralmente é seguido por uma festa de autocomiseração pós-jogo.

Em algum momento, temos de reconhecer que as circunstâncias que pedimos a Deus para mudar são as exatas circunstâncias que Ele está usando para nos mudar. Nem sempre obtemos uma resposta às nossas perguntas de *por quê?* deste lado da eternidade, mas, às vezes, Deus deixa indícios.

Como qualquer pai normal, John sonhou em brincar de pega-pega no quintal com seu filho. Isso é algo que Eli não pode fazer. Eli nunca conseguirá chegar às grandes ligas, mas foi convocado para a Liga dos Milagres, que é a liga de beisebol para crianças com necessidades especiais. A princípio, John estava com medo de estar preparando o filho para o fracasso. Mas há apenas uma regra na Liga dos Milagres: toda criança recebe uma rebatida válida, toda criança salva uma base e toda criança marca pontos! Eles jogam em um campo de borracha para a acessibilidade das cadeiras de rodas, e cada criança tem um amigo adolescente ou adulto.

— Se você os visse jogar — diz John —, diria que é um milagre.

Às vezes, o milagre que queremos não é o que recebemos. Deus nos dá um diferente. Pode não ser nossa primeira escolha, mas não é a segunda melhor.

Cerca de um ano atrás, a Liga dos Milagres fez uma festa com traje de gala para arrecadação de fundos oferecida pela equipe de beisebol da liga pequena da cidade. Alguns jogadores da grande liga compareceram, entre eles Javier Lopez, arremessador de renome da atualidade. Mas foi Eli que roubou a cena, emocionando a multidão com uma interpretação empolgante de "Take Me Out to the Ball Game", música relacionada ao beisebol. Mais uma vez, não havia ninguém de olhos secos no salão de bailes! Eli tem esse efeito. Ao final da noite, Eli ajudou a levantar muito dinheiro para que outras crianças como ele pudessem jogar beisebol também. Ele até deu alguns autógrafos!

Há muitos capítulos ainda a serem escritos na vida de Eli, mas agora John pode ver o enredo da história que Deus está escrevendo *em* e *por* intermédio de seu filho. Ele diz:

— Já vimos tantos milagres que não tenho tempo para contar. Mas há uma coisa que posso dizer com certeza: esses milagres nunca teriam acontecido se a vida tivesse sido de acordo com o meu antigo *script*.

Antimilagres

Você já orou por algo e, em vez de receber a resposta que pediu, recebeu exatamente o oposto? Chamo isso de antirresposta à oração. Aconteceu comigo mais de uma vez! Na verdade, aconteceu duas vezes com a mesma oração.

A Liga dos Milagres

Durante os primeiros dias da Igreja da Comunidade Nacional, o escritório da igreja ficava em um quarto vago de nossa casa. Quando nossa filha Summer nasceu, o lugar tornou-se seu quarto durante a noite e escritório da igreja durante o dia. A troca era incrível, mas logo ficou impraticável. A Igreja da Comunidade Nacional reunia-se na sala de cinema na Union Station. Por isso, decidi procurar uma casa geminada nas redondezas para que pudéssemos converter em escritório da igreja.

Encontramos o lugar perfeito, duas vezes. A localização do imóvel e a distribuição dos cômodos eram absolutamente ideais, assim como o preço. Reivindicamos as propriedades em oração, mas ambas foram vendidas na noite anterior ao dia em que decidimos fazer nossa oferta! Foi como um golpe baixo seguido por um golpe baixo. Minha fé ficou tão deflacionada que parei de procurar. Certo dia, semanas mais tarde, estava andando pela F Street Northeast e passei em frente ao número 205, que é uma casa geminada a uma quadra da Union Station. O único ponto negativo era que ficava bem ao lado de uma casa onde se vendia crack, mas esse ponto negativo foi seu ponto forte. Não tínhamos ideia na época em que compramos a casa da F Street Northeast, 205, que a casa de crack se tornaria na cafeteria Ebenézer. Mas Deus sabia. Foi por isso que Ele fechou as portas das outras duas propriedades.

Aqui está uma lição que aprendi da maneira mais difícil: você não pode reivindicar metade de uma promessa. Gostamos de pedir a Deus que abra as portas, conforme Apocalipse 3.8, 9. Mas é hipocrisia pedir a Deus que abra as portas, se não queremos que Ele feche as portas. E as portas que Deus fecha são alçapões, caso entrássemos por elas. Elas nos levariam a lugares que não quereríamos ir. Quando Deus fecha uma porta, parece um antimilagre. Mas o que parece ser um revés é Deus preparando você para algo maior, algo melhor. Se não tivéssemos comprado a casa da F Street Northeast, 205, nunca teríamos conseguido realizar nosso projeto de construir uma cafeteria. O que parecia um duplo fracasso transformou-se em um duplo milagre: F Street Northeast, 205 *e também* 201.

O LADRÃO DE TÚMULOS

A Glória de Deus

Alguns meses atrás, um amigo meu foi diagnosticado com câncer, e temos orado pela remissão espontânea — o termo médico para milagre. Na primeira consulta de acompanhamento, outros exames mostraram infelizmente a tendência de ir na direção errada. Quando meu amigo me telefonou, era difícil saber o que dizer. A verdade é que melhor é ouvir do que falar. Mas senti que precisava lembrá-lo de uma verdade simples, porém difícil:

— Vou continuar orando pela cura, porém a cura não é o objetivo final. O objetivo final é a glória de Deus.

Gostaria que Deus glorificasse a si mesmo curando meu amigo; contudo, mesmo que meu amigo fosse curado, esse não era o objetivo final. O objetivo não é o milagre. O objetivo é a glória de Deus. Se você esquecer isso, é difícil superar as circunstâncias difíceis. Deixe-me oferecer este lembrete: a vontade de Deus é a glória de Deus. É por isso que o câncer não pode impedi-lo de fazer a vontade de Deus. Nada pode. Você pode glorificar a Deus sob toda e qualquer circunstância.

Como pai, quero proteger meus filhos da dor e sofrimento. Entretanto, às vezes, a dor e sofrimento têm um efeito santificador em nossos filhos. Portanto, se nosso objetivo é que Deus seja glorificado por meio de nossos filhos, então não podemos orar para que todos os problemas sejam afastados. Claro que não estou sugerindo que não protejamos nossos filhos ou que não oremos para que haja uma cerca de proteção em torno deles. Mas é falsa pressuposição pensar que a vontade de Deus é um plano de seguro. É um plano de risco. Basta ler Hebreus 11:

> E que mais direi? Faltar-me-ia o tempo contando de Gideão, e de Baraque, e de Sansão, e de Jefté, e de Davi, e de Samuel, e dos profetas, os quais, pela fé, venceram reinos, praticaram a justiça, alcançaram promessas, fecharam as bocas dos leões, apagaram a força do fogo, escaparam do fio da espada, da fraqueza tiraram forças, na ba-

A Liga dos Milagres

talha se esforçaram, puseram em fugida os exércitos dos estranhos. As mulheres receberam, pela ressurreição, os seus mortos.[6]

Gostaria que o capítulo tivesse terminado aqui. Mas não é o que acontece.

Uns foram torturados, não aceitando o seu livramento, para alcançarem uma melhor ressurreição; E outros experimentaram escárnios e açoites, e até cadeias e prisões. Foram apedrejados, serrados, tentados, mortos a fio de espada; andaram vestidos de peles de ovelhas e de cabras, desamparados, aflitos e maltratados (homens dos quais o mundo não era digno).[7]

Será que apenas a metade deles estava na vontade de Deus? Aqueles que venceram reinos ou fecharam as bocas dos leões? Estavam todos na vontade de Deus, inclusive os que foram serrados?

A vontade de Deus não é segura. Na verdade, pode até matá-lo. Mas se Deus recebe a glória, então o objetivo foi alcançado. A recompensa eterna que receberemos valerá a pena o sacrifício que fizermos.

Se você pensar na vontade de Deus em termos temporais, ela não fará sentido. Você tem de adicionar a eternidade na equação. Se o meu amigo não for curado até chegar ao outro lado do *continuum* espaço-temporal, não será menos milagroso, então, do que seria agora.

Você Vai Sair dessa

Logo antes de lançar seu trigésimo livro *Você Vai Sair dessa!*, tivemos o privilégio de receber Max Lucado na Igreja da Comunidade Nacional. Max contou a história de seu amigo JJ Jasper, cujo filho Cooper, de cinco anos de idade, foi morto em um acidente de buggy numa pista de terra.[8] O que começou como um despreocupado passeio de pai e filho transformou-se em tragédia quando o buggy capotou e Cooper morreu poucas horas depois. A dor de JJ foi conjugada pela culpa porque ele era o motorista.

O LADRÃO DE TÚMULOS

Depois de chamar 911, JJ teve de ligar para sua esposa e contar a notícia. Antes de fazer o telefonema, o Espírito Santo lhe deu as palavras para dizer, assim como prometeu o que o Espírito faria nos momentos mais difíceis da vida. JJ disse:

— Tenho más notícias; no entanto, antes de contar, quero que você pense sobre todas as coisas que sabe que são boas acerca de Deus.

Depois de testemunhar o que seu amigo passou pela noite escura da alma, Max decidiu fazer exatamente o que JJ prescreveu. Ele sabia que poderia precisar dessa lista um dia. Max vasculhou a Bíblia em busca de textos sobre a bondade de Deus. Aqui está uma pequena lista que ele fez e o ajudou a passar por muitas tribulações:

> Deus ainda é soberano. Ele ainda conhece o meu nome. Os anjos ainda respondem ao chamado dEle. O coração dos poderosos ainda obedece ao comando divino. A morte de Jesus ainda salva almas. O Espírito de Deus ainda habita nos santos. O céu ainda está à distância de algumas batidas de coração. A sepultura ainda é uma morada temporária. Deus ainda é fiel. Ele nunca é pego desprevenido. Deus usa tudo para a sua glória e para fazer o bem a mim. Ele usa a tragédia para realizar a sua vontade, que é boa, perfeita e agradável. A tristeza pode chegar com a noite, mas a alegria chega com a manhã.[9]

Ainda que a Bíblia revele pouco sobre os pais do cego de nascença, não é difícil imaginar a amarga decepção ao descobrirem que seu filho nunca os veria com os olhos físicos. As perguntas não respondidas os assombrariam pelo resto da vida. Nesses momentos, tudo o que você pode fazer é lançar-se na graça de Deus com o peso total que você carrega.

Foi exatamente o que JJ fez. Foi o que o levou a superar o capítulo mais difícil da vida. Nas palavras de JJ:

— As pessoas bem intencionadas dizem que o tempo cura todas as feridas. Não é verdade. Você nunca se restabelece. Quando você

perde um ente querido que ama profundamente, nunca se recupera, mas você vai sair dessa.[10]
Por que as crianças caem de janelas?
Por que as crianças morrem em acidentes de buggy?
Por que os bebês nascem cegos?
Essas são perguntas sem respostas. São perguntas que levamos para o túmulo conosco. Mas você não pode deixar que as perguntas que você não sabe responder o impeçam de confiar no que você sabe que é a verdade.
Deus é bom o tempo todo. O tempo todo Deus é bom.
Nas palavras de Corrie ten Boom: "Não há poço profundo demais que a graça de Deus não seja mais profunda ainda".[11] Essas palavras não são clichês. Foram acopladas com as memórias de Corrie do campo de concentração nazista, onde esteve detida durante a Segunda Guerra Mundial. Foi pela representação cinematográfica de sua sobrevivência milagrosa no filme de Billy Graham de 1975, intitulado *O Refúgio Secreto,* que encontrei pela primeira vez a graça de Deus. A mesma graça que permitiu Corrie sobreviver ao inferno na terra ajudou a carimbar meu bilhete para o céu.

Estilo Explicativo

No livro *Aprenda a Ser Otimista*, o Dr. Martin Seligman apresentou a hipótese de que todos temos o que ele chama de "estilo explicativo" para esclarecer as experiências da vida. Em suas palavras: "O estilo explicativo é a maneira pela qual você habitualmente explica a si mesmo os eventos que lhe acontecem".[12]

Digamos que você esteja em um restaurante esperando a chegada de uma pessoa com a qual tem um encontro. A hora que vocês marcaram foi às 7h em ponto; porém, 45 minutos depois, a pessoa ainda não apareceu. Em certo momento, você precisa explicar a si mesmo por que a pessoa não veio. Aqui estão algumas possíveis explicações. Você pode pensar: "Ele(a) me deu o bolo", fazendo com que fique com raiva. Você pode fazer conclusões precipitadas e pensar: "Ele(a) não me ama mais", fazendo com que fique triste. Você pode supor: "Ele(a) sofreu um acidente", fazendo com que se sinta ansioso(a). Você pode imaginar: "Ele(a) está fazendo hora extra para poder pagar nossa refeição", fazendo com que se sinta grato(a). Você pode especular: "Ele(a) está com outra pessoa", fazendo com que sinta ciúmes. Você pode perceber: "Esta é a desculpa perfeita para romper com ele(a)", fazendo com que se sinta extremamente aliviado(a).

Mesma situação.

Explicações muito diferentes.

Há muitas explicações diferentes para cada experiência. Ainda que você não possa controlar suas experiências, pode controlar suas explicações. Biblicamente falando, suas explicações são mais importantes do que suas experiências. Quando coisas ruins nos acontecem, é fácil bancar a vítima. Mas você não é vítima. Você é mais do que vencedor![13]

Se alguém tinha o direito de ter a mentalidade de vítima, esse alguém era José. Tudo o que podia dar errado deu errado. Ele foi traído pelos próprios irmãos, vendido para a escravidão e falsamente acusado de um crime. Mas depois de 17 anos de provações e tribulações, ele revela o estilo explicativo que o levou a superar os tempos difíceis:

> Vós bem intentastes mal contra mim, porém Deus o tornou em bem, para fazer como se vê neste dia, para conservar em vida a um povo grande.[14]

Amargura ou ternura? Depende de seu estilo explicativo.

Nas palavras de Aldous Huxley: "Experiência não é o que acontece com você; é o que você faz com o que acontece com você".[15]

Há alguns anos, uma líder de torcida da faculdade entrou mancando de muletas na igreja. Quando lhe perguntei o que aconteceu, ela mal conseguia conter as lágrimas. Ela rompeu o tendão de Aquiles, precisou fazer uma cirurgia para repará-lo e teve de ficar com gesso por oito semanas. Quatro dias depois de tirar o gesso, ela rompeu de novo o mesmo tendão ao pisar em um pedaço de gelo e precisou fazer outra cirurgia. A nova lesão foi devastadora, mas Deus usou sua reabilitação para ressuscitar seu sonho de tornar-se treinadora esportiva. Ainda que preferisse ter estudado o assunto em um livro-texto, ela se deu conta de que Deus estava lhe dando uma pós-graduação! Foi uma prova dura, mas ela tirou nota máxima na prova com seu estilo explicativo.

Não sei por que coisas ruins acontecem com pessoas boas ou por que coisas boas acontecem com pessoas ruins. Mas uma coisa sei: "E sabemos que todas as coisas contribuem juntamente para o bem daqueles que amam a Deus, daqueles que são chamados por seu decreto".[16] Se você permitir, Deus reciclará sua dor para o bem de outra pessoa.

Se você ousar reconsiderar, descobrirá que alguns dos maiores milagres da vida parecem, à primeira vista, desastres completos.

A Segunda Metade

Como pastor, sou confrontado com a crua realidade do pecado e sofrimento regularmente. Às vezes, é uma carga insuportável como a morte de uma criança. Outras vezes, é uma decisão irresponsável como um caso. Ainda que o peso do pecado e do sofrimento pareça como o peso do mundo, fico espantado com as pessoas cuja fé hercúlea é suficientemente resistente para aguentar os impasses mais difíceis da vida.

Kim Green é uma dessas heroínas.

Quando a má notícia é entregue em uma sala de parto do hospital, torna uma das ocasiões mais alegres da vida no pior pesadelo de um pai ou mãe. O sonho de Kim é ministrar aos pais que passam por esse pesadelo. Ela adota bebês com problemas terminais. Kim sabe que essas crianças não terão uma vida longa, mas as ama tanto quanto pode, por tanto tempo quanto puder.

Um dos catorze filhos adotivos de Kim foi uma menina chamada Selah Hope, que foi concebida em um estupro. Nascida sem cérebro, apenas com tronco cerebral, Selah viveu escassos 55 dias. Mas nas palavras de Kim: "Toda vida tem um propósito". Até a vida de Selah. Kim não só cuidou de sua filha adotiva durante sua curta vida, mas também amava sua mãe biológica muçulmana. Foi o amor tangível de Kim que levou essa mulher a crer em Jesus Cristo. Por que Jesus não curou Selah é um mistério para mim. Mas será que ela cumpriu seu propósito? Não há nada de bom nas circunstâncias de seu nascimento. Porém, Deus pode tomar o pior que a vida tem a oferecer e usá-lo para propósitos eternos.

Isso não significa que suas dores mais profundas são curadas ou que suas perguntas mais difíceis são respondidas. O tempo não cura todas as feridas, mas a eternidade sim. Você pode acabar tendo mais perguntas do que respostas, assim como o cego de nascença. Mas se você der a Deus meia chance, Ele lhe dará uma segunda chance. Ainda que o cego de nascença não pudesse voltar à primeira metade da vida, acredito que ele gostou da segunda metade em dobro.

Capítulo
21

CUSPA

[Jesus] cuspiu na terra, e, com a saliva,
fez lodo, e untou com o lodo os olhos do cego.
— João 9.6

Pouco depois de nos mudarmos para Washington, levei Lora para ver uma apresentação da Orquestra Sinfônica Nacional no Kennedy Center. Tudo que me lembro dessa experiência é o cara sentado ao meu lado. Quase fiquei surdo do ouvido esquerdo! Esse cara levantou-se da cadeira e deu ao maestro uma ovação de pé antes mesmo de a orquestra ter começado a tocar! Foi quando soube que seria um concerto muito longo. O Sr. Sinfonia ficava gritando:"Bravo!". E quero dizer *gritar* mesmo, porque estávamos na terceira galeria! Quando vou a um jogo de futebol americano, sei que haverá fãs enlouquecidos, mas no teatro? No dia seguinte, suas mãos devem ter ficado machucadas de tanto bater palmas.

Ao longo da apresentação, eu não parava de pensar: *Estamos ouvindo a mesma sinfonia?* No final da noite, concluí que, na verdade, estávamos ouvindo a mesma orquestra, porém *ouvindo* duas sinfonias muito diferentes!

Há um velho provérbio que diz: "Aqueles que foram vistos dançando foram julgados insanos por aqueles que não podiam escutar a música".

Mais uma vez, não é só a beleza que está nos olhos de quem a vê. Tudo está. Não são apenas nos olhos; estão nos ouvidos também. Não experimentamos o mundo como ele é. Experimentamos o mundo como *nós somos*. Nossa realidade exterior torna-se um reflexo de nossa realidade interior.

Um experimento envolvendo um grupo de americanos que nunca tinham ido ao México e um grupo de mexicanos que nunca tinham ido aos Estados Unidos demonstra meu ponto de vista. Os pesquisadores construíram uma máquina de visão binocular capaz de mostrar uma imagem para o olho direito e uma imagem para o olho esquerdo. Uma das fotos era de um jogo de beisebol, um passatempo tradicional americano. A outra foto era de uma tourada, um passatempo tradicional mexicano. Durante o experimento, as imagens apareciam simultaneamente forçando os voluntários a concentrar-se em uma ou na outra. Quando perguntaram o que tinham visto, os americanos relataram ter visto um jogo de beisebol, ao passo que os mexicanos relataram ter visto uma tourada.[1]

O modo como percebemos o mundo depende, em grande parte, do que experimentamos ou não experimentamos, do que sabemos ou não sabemos, do que esperamos ou não esperamos. É por isso que os americanos veem um jogo de beisebol, enquanto os mexicanos veem uma tourada. É também por isso que os fariseus perderam o milagre que aconteceu bem debaixo de seus narizes!

O Olho Dominante

Alguns anos atrás, levei meu filho Parker para atirar nos pratos no seu aniversário. Como nunca tinha disparado uma arma na vida, tive de fazer um curso de segurança de armas antes que me deixassem entrar no local. Foi uma coisa boa que fiz. Não apenas por razões de segurança, mas também por razões de pontaria.

Nem sei como deixei essa oportunidade passar por tanto tempo, mas você sabia que você tem um olho dominante? Faça um triângulo com as mãos, estique os braços para frente e encontre um objeto para focar. Agora, feche um olho, depois o outro. Com um olho, o objeto se moverá — esse é o olho fraco. Se você apontar com o olho fraco, errará o alvo todas as vezes! Mas com o olho dominante, o objeto ficará no triângulo. Meu olho dominante é o direito, então fecho o olho esquerdo para atirar.

Penso que muitas pessoas olham para a vida pelo olho fraco! Se você tiver um olho crítico, então encontrará algo de errado em tudo. Foi exatamente o que os fariseus fizeram. Eles estavam tão focados na lei que não a viram passar. Jesus lhes chama a atenção:

Eu vim a este mundo para juízo, a fim de que os que não veem vejam e os que veem sejam cegos.[2]

A ironia do sexto milagre é que o cego de nascença acaba vendo, e os fariseus que viam acabam legalmente cegos.

Fé não é apenas uma maneira de viver.

Fé é também uma maneira de ver.

O velho ditado é verdadeiro: "Ver para crer". Mas o oposto é ainda mais verdadeiro: Crer para ver.

A Luz do Mundo

Imediatamente antes de realizar o sexto milagre, Jesus revela uma dimensão de sua verdadeira identidade: "Eu sou a luz do mundo".[3] Os fariseus rejeitaram essa afirmação, porque disseram que Jesus estava dando testemunho de si mesmo. Então, Jesus tornou o cego de nascença em sua testemunha, literalmente.

O sexto milagre é um reflexo do milagre original: a criação. No princípio, Deus disse: "Haja luz".[4] Deus fala, e as primeiras ondas sonoras não apenas viajam pelo espaço; elas criam. As ondas de luz derrotam as trevas a uma taxa de 300 mil quilômetros por segundo.

Menos de um século atrás, a opinião prevalecente na cosmologia era que a Via Láctea era a soma total do universo. No século XIX, o físico austríaco Christian Doppler teorizou um universo em expansão, mas não havia muita evidência tangível para apoiar sua crença. Mais tarde, um astrônomo chamado Edwin Hubble observou que várias nebulosas espirais estavam demasiadamente distantes para serem parte da galáxia Via Láctea. O anúncio da descoberta em 1º de janeiro de 1925 foi uma mudança de paradigma astronômica. Ele descobriu que o grau do desvio para o vermelho observado na luz que vinha de outras galáxias aumentava, em proporção, a distância dessa galáxia em relação à Via Láctea. Em outras palavras, o universo ainda está em expansão. O significado disso é este: o original "Haja luz" ainda está criando galáxias nas bordas exteriores do universo! Pensamento incrível, não? Bilhões de galáxias determinam sua origem nessas duas palavras.

Agora, deixe-me fazer uma pergunta: Se Deus pode criar bilhões de galáxias com duas palavras, o que Ele não pode fazer?

A mesma voz que pôs ordem ao caos na aurora da criação ainda está fazendo isso. Foi o que Ele fez de novo com o cego de nascença. O mundo desse homem não era muito diferente do mundo pré-criação descrito em Gênesis: "Havia trevas sobre a face do abismo".[5] Então, a mesma luz que causou o Gênesis causou a sinaptogênese.

O Ultrassom

Gênesis 1.3 diz: "E disse Deus: Haja luz. E houve luz". Quando ouvimos a palavra *disse*, tendemos a pensar em *linguística*. Mas se queremos apreciar plenamente as primeiras palavras de Deus, precisamos pensar em *física*. O som não é apenas linguagem. É, antes de tudo, uma forma de energia. Na verdade, a palavra *disse* pode ser mais bem traduzida por *desafiou* no contexto da criação. Deus desafia as trevas. E as trevas são derrotadas pela luz.

Cientificamente falando, a voz humana são ondas sonoras com frequências diferentes percorrendo o espaço a 343 metros por segundo. A amplitude vocal para os seres humanos é entre 55 e 880 *hertz*, e isso significa que a voz é muito boa para uma coisa: comunicação. Usamos a voz para cantar, gritar, falar. Mas Deus não. Deus

Cuspa

usa a voz para transformar as trevas em luz, para transformar o caos em ordem criada.

Tendo em vista que nossa capacidade vocal é limitada a um intervalo relativamente pequeno entre 55 e 880 *hertz*, a amplitude de audição é limitada às ondas sonoras entre 20 e 20.000 *hertz*. O som abaixo de 20 *hertz* é infrassônico para os seres humanos. O som acima de 20.000 *hertz* é ultrassônico. O som fora desse intervalo é inaudível, mas é quando se revela o poder do som.

O infrassom tem a capacidade de causar dores de cabeça e tremores de terra. De acordo com os zoólogos, o infrassom ajuda os elefantes a prever mudanças climáticas e os pássaros a navegar quando migram. O infrassom também pode ser usado para localizar petróleo no subsolo ou prever erupções vulcânicas. Na outra extremidade do espectro sonoro, o ultrassom tem o poder de matar insetos, rastrear submarinos, quebrar vidro, realizar cirurgia não-invasiva, derrubar edifícios, limpar joias, catalisar reações químicas, curar tecidos lesionados, pasteurizar leite, quebrar pedras nos rins, perfurar materiais duros e, claro, dar, pela ecografia, a primeira imagem de seu filho ou filha ainda por nascer.

Há muito mais no som que os ouvidos identificam!

Conheço pessoas que afirmam que nunca ouviram a voz de Deus. Pode ser verdade, caso elas estejam se referindo à sua voz audível. Mas você já *viu* a sua voz. Absolutamente, tudo o que existe é um eco visível dessas duas palavras: *Haja luz*.

A capacidade de Deus falar não se limita à nossa capacidade de ouvir. Deus usa palavras não apenas para se comunicar. Ele também usa palavras para transformar água em vinho, fazer os olhos dos cegos verem e chamar as pessoas mortas de volta à vida. Assim como as ondas sonoras infrassônicas e ultrassônicas, suas palavras são cheias de poder e nunca voltam vazias. Claro que sua saliva também não!

O LADRÃO DE TÚMULOS

Cuspa

Depois de dizer que é a luz do mundo, Jesus cuspiu no chão e fez lodo com a saliva. Em seguida, ungiu os olhos do homem com esse lodo.[6] Tenho reações diversas a essa parte da história. A primeira é: *Que repugnante!* A segunda reação é: *Por quê?* Os estudiosos têm debatido essa questão por dois milênios. Por que Jesus usou a saliva para fazer lodo? No mundo greco-romano, a saliva estava associada a poderes mágicos. Os fariseus teriam tido uma reação negativa a esse procedimento. Além disso, era ilegal fazer lodo no sábado. Honestamente, fico imaginando se Jesus não estaria provocando os fariseus novamente. Embora eu não tenha certeza da motivação, Jesus está afirmando seu poder de gênese. Ele originalmente formou o homem do pó da terra: gênese.[7] Agora, cospe na terra e faz lodo para fazer os olhos cegos verem: sinaptogênese. AquEle que criou tudo primariamente é o único que pode recriar qualquer coisa secundariamente.

Quando se tratar de milagres, tenha muito cuidado em não ressaltar a metodologia. Se fizer isso, muitas pessoas acabarão com lodo nos olhos! A metodologia por trás dos milagres de Jesus não é o ponto central. O ponto central é o seu poder.

Não há nada que Ele não possa fazer. Porém, mais uma vez, temos de fazer a nossa parte.

Vá e Lave-se

Como muitos dos milagres que Jesus realizou, este vem com um conjunto de instruções. Ele manda o cego ir e lavar-se no tanque de Siloé.[8] Ainda que não saibamos a distância exata que ele percorreu para chegar ao tanque, foi uma caminhada. Andei pelo túnel de Ezequias, que liga a fonte de Giom ao tanque de Siloé. O cego de nascença deve ter descido centenas de degraus. Levando em conta que esse milagre aconteceu durante a Festa dos Tabernáculos, ele teve ter batido em dezenas de milhares de peregrinos.

Cuspa

Por que Jesus enviou esse cego em uma busca de tesouros? Por que não apenas o curou no local? Uma viagem ao tanque de Siloé parece desnecessária, não é?

Conserve esse pensamento.

Recentemente, ouvi uma história contada pelo bispo episcopal chamado William Frey.[9] Quando jovem, ofereceu-se para ajudar um estudante que era cego. O estudante havia perdido a visão aos 13 anos de idade em uma explosão química. Sentiu que a vida havia acabado. A única coisa maior que sua autopiedade era a sua raiva para com Deus. Durante os seis primeiros meses após o acidente, tudo o que ele fez foi sentir pena de si mesmo. Então, um dia, seu pai disse:

— John, o inverno está chegando, e as janelas contra tempestade precisam ser colocadas. Esse é o seu trabalho. Quero que todas as janelas estejam colocadas quando eu voltar esta noite!

Então, o pai fingiu sair do quarto, batendo a porta. John ficou com muita raiva! Na verdade, ficou com tanta raiva que decidiu colocar as janelas. Ele pensou: *Quando eu cair, eles vão ter um filho cego e paralítico!* Mas John não caiu. Ele descobriu que podia fazer muito mais do que imaginava. Somente depois de terminar o trabalho foi que descobriu que seu pai nunca havia se afastado mais do que metro e meio de distância. Ele acompanhou o filho para lhe garantir a segurança, pois sabia que a desesperança era uma maldição muito pior do que a cegueira.

Não sei por que Jesus mandou o cego ir e lavar-se, mas estou supondo que ele vivera uma vida relativamente desesperançada. Ele dependia de todos para tudo! Jesus não apenas lhe curou os olhos. Ele também restaurou-lhe a dignidade repreendendo a desesperança.

A Bíblia é explícita quando se trata da sequência desse milagre. Diz que ele "voltou vendo".[10] Se ele não tivesse dado esse passo de fé e ido ao tanque de Siloé, não penso que o milagre teria acontecido! Esse é um segredo para experimentar o milagre: *muitos milagres exigem um ato de obediência cega.*

O LADRÃO DE TÚMULOS

Você não pode fabricar milagres, mas pode lavar-se no tanque de Siloé.

Um passo de obediência pode abrir os seus olhos.

Um passo de obediência pode reverter a maldição.

Um passo de obediência pode começar um novo capítulo em sua vida!

O SÉTIMO SINAL

Tendo, pois, Maria chegado aonde Jesus estava e vendo-o, lançou-se aos seus pés, dizendo-lhe: Senhor, se tu estivesses aqui, meu irmão não teria morrido. Jesus, pois, quando a viu chorar e também chorando os judeus que com ela vinham, moveu-se muito em espírito e perturbou-se. E disse: Onde o pusestes? Disseram-lhe: Senhor, vem e vê. Jesus chorou. Disseram, pois, os judeus: Vede como o amava. E alguns deles disseram: Não podia ele, que abriu os olhos ao cego, fazer também com que este não morresse? Jesus, pois, movendo-se outra vez muito em si mesmo, foi ao sepulcro; e era uma caverna e tinha uma pedra posta sobre ela. Disse Jesus: Tirai a pedra. Marta, irmã do defunto, disse-lhe: Senhor, já cheira mal, porque é já de quatro dias. Disse-lhe Jesus: Não te hei dito que, se creres, verás a glória de Deus? Tiraram, pois, a pedra. E Jesus, levantando os olhos para o céu, disse: Pai, graças te dou, por me haveres ouvido. Eu bem sei que sempre me ouves, mas eu disse isso por causa da multidão que está ao redor, para que creiam que tu me enviaste. E, tendo dito isso, clamou com grande voz: Lázaro, vem para fora. E o defunto saiu, tendo as mãos e os pés ligados com faixas, e o seu rosto, envolto num lenço. Disse-lhes Jesus: Desligai-o e deixai-o ir.

— João 11.32-44

Capítulo

22

O LADRÃO DE TÚMULOS

Senhor, se tu estivesses aqui, meu irmão não teria morrido. Mas também, agora, sei que tudo quanto pedires a Deus, Deus to concederá.
— João 11.21, 22

Uma das minhas mais antigas memórias de filmes é a versão de 1978 do *Super-Homem*, estrelado por Christopher Reeve. Lois Lane, a amada do Super-homem, está dirigindo através do deserto de Nevada quando uma fenda provocada por um terremoto engole seu carro. O Super-Homem não pôde chegar a tempo de salvar Lois, porque estava ocupado construindo uma represa natural para deter uma inundação causada por brechas na Represa Hoover. Quando descobre que Lois está morta, o Super-Homem fica com "super-raiva". Ele voa ao redor da Terra a velocidade supersônica, invertendo a rotação e, teoricamente, voltando no tempo.

Hoje, sei que a ciência por trás dessa cena é suspeita. Afinal de contas, a Terra gira em torno de seu eixo a 1.600 quilômetros por hora. Se o Super-Homem tivesse invertido a rotação, ele poderia ter salvado Lois Lane, mas todas as outras pessoas no planeta teriam morrido de pescotapa ou efeito chicote! Mas ainda é um conceito legal, não? Você não gostaria de voltar no tempo exatamente antes de dizer ou fazer algo que gostaria que não ter dito ou feito? O problema, obviamente, é que a flecha do tempo corre em uma única direção.

O LADRÃO DE TÚMULOS

O que está feito está feito. Há coisas na vida que são irreversíveis. Você não pode desassar biscoitos, descortar o cabelo, desdeletar arquivos ou desavançar o sinal vermelho. Essas são lições que aprendi da maneira mais difícil. Algumas viraram motivo de riso depois de certo constrangimento, como uma faixa careca na minha nuca após o barbeiro dizer: "Opa". Cheguei a usar o rímel de Lora por algumas semanas até que os cabelos voltassem a crescer. Outras me custaram dinheiro, como a multa de 110 dólares por avançar o sinal vermelho. Há aqueles momentos irreversíveis que deixam um buraco no coração para sempre, como ficar ao lado do caixão do meu padrasto depois que um ataque cardíaco encerrou sua vida terrena aos 55 anos de idade.

Uma dessas lições dolorosas veio durante minha temporada de basquete no segundo ano da faculdade. Não só perdemos o último jogo e saímos do torneio nacional, mas também rompi o ligamento cruzado anterior de ambos os joelhos no quarto tempo. Quando o médico me deu o diagnóstico, perguntei-lhe quando ficaria curado. Ele respondeu: *Nunca*. Disse-me que eu precisava fazer uma cirurgia reconstrutiva, porque ligamentos rompidos não cicatrizam. Naquele ponto da minha vida, o basquete *era* minha vida. Senti como se a vida que eu conhecia houvesse acabado.

Caso você já tenha estado na situação desagradável de assinar os papéis de divórcio, receber um telefonema desesperado no meio da noite ou obter resultados laboratoriais que confirmam seus piores medos, então você sabe muito bem como é esse sentimento. Foi exatamente assim que Maria e Marta se sentiam. Seu irmão tinha partido para sempre. A vida como a conheciam havia acabado. Mas não acaba até que Deus diga que é o fim!

Entra Jesus.

Jesus chegou com quatro dias de atraso, mas mostrou seu poder de forma nunca antes visto. Ele inverterá mãos ressequidas e sistemas meteorológicos. Mas o sétimo milagre foi um confronto de morte súbita com um adversário invicto. O Ladrão de Túmulos lutou de igual para igual com a própria morte, e a morte confrontou Alguém de força e habilidade igual.

A Lei da Entropia

A segunda lei da termodinâmica afirma que, se deixado à própria sorte, tudo no universo se move em direção à desordem e decadência. Os carros enferrujam. Os alimentos apodrecem. Os seres humanos envelhecem e morrem. A única maneira de impedir a entropia é introduzir uma fonte de energia externa para combatê-la. O termo técnico é *neguentropia*, e a geladeira é um exemplo perfeito. Se a ligarmos na tomada elétrica, produz ar frio que evita que os alimentos apodreçam. Mas se a geladeira estiver desligada da fonte de alimentação, a entropia retomará sua ação. Isso sei por experiência própria. Quando nossa família voltou das férias do Natal, percebi que algo estava errado, antes mesmo de entrarmos pela porta da frente. Fomos recebidos por uma geladeira desligada que cheirava como um animal morto. Para o bom entendedor, meia palavra basta: Se a geladeira estiver desligada, mantenha a porta fechada.

Já que estamos no assunto de mau cheiro, essa era a maior preocupação de Maria e Marta, quando Jesus mandou que os pranteadores tirassem a pedra. Temiam que fedesse até os altos céus, mas Jesus estava prestes a reverter quatro dias de decomposição com um milagre da neguentropia ou entropia negativa.

A lei da entropia não apenas governa o universo físico. Governa o reino espiritual desde que foi introduzido no jardim do Éden, depois do pecado original de Adão e Eva. Eles foram avisados: "Da árvore da ciência do bem e do mal, dela não comerás; porque, no dia em que dela comeres, certamente morrerás".[1] Ainda que não tenham morrido imediatamente após comerem o fruto proibido, sua desobediência introduziu o processo de deterioração que leva à morte física e espiritual. O pecado é um veneno de ação lenta. Seus efeitos imediatos são indiscerníveis, mas os efeitos colaterais são muito mais devastadores do que percebemos no momento. O pecado introduziu doença e sofrimento à equação da vida. Tudo, desde defeitos genéticos a catástrofes naturais têm sua origem no pecado original. Vivemos em um mundo caído. Tudo foi afetado pela entropia. Como Adão e Eva descobriram, o pecado abre a porta para a entropia. Quanto mais você peca, mais sua vida se move em direção à desordem e decadência. O pecado é muito mais do que a linha divisória moral entre o certo e o errado. É questão de vida ou morte. Jesus não morreu na cruz apenas para tornar as pessoas más em boas. Ele traz os mortos à vida! Lázaro é o documento A.

Agite-se como Lázaro

Para apreciar plenamente o sétimo milagre, você precisa ter uma compreensão básica das antigas tradições funerárias judaicas. Quando Lázaro morreu, os pés foram amarrados na altura dos tornozelos e os braços presos ao longo do corpo com tiras de linho. Em seguida, o cadáver foi envolto com cerca de 45 quilos de mortalha para proteger e conservar o corpo. Há estudiosos que acreditam que a cabeça teria sido envolta com tanto linho que mediria uns 30 centímetros de largura. A melhor imagem mental é aquela que nos vem imediatamente à mente: Lázaro parece uma múmia.

Baseado nas tradições funerárias judaicas parece-me que dois milagres acontecem aqui, não um. O primeiro é a ressurreição. Mas como foi que Lázaro se levantou e saiu do túmulo com o corpo inteiro engessado? Esse é o segundo milagre! Não sei se posso recriar a cena, mas Lázaro não saiu do túmulo andando. Penso que saiu do túmulo pulando.

> E o defunto saiu, tendo as mãos e os pés ligados com faixas, e o seu rosto, envolto num lenço.[2]

Talvez eu esteja me deixando levar um pouco pela imaginação, mas acredito que seus amigos e familiares "dançaram como Lázaro" em festas de dança todas as vezes que puderam. Lázaro teve de se agitar para

O Ladrão de Túmulos

sair do túmulo. Mais uma vez, Jesus transforma a tragédia em alegria. Quando Lázaro sai pulando do túmulo, a tristeza torna-se riso.

Preste atenção! Se você não entende isto, você não entende nada. O milagre não só prenuncia a Ressurreição de Jesus. Prenuncia a sua, leitor! Não é algo que Jesus fez apenas para Lázaro. É uma prévia do que Jesus quer fazer na sua vida, leitor, aqui e agora. Quando pecamos, é como se o Inimigo de nossa alma nos envolvesse em mortalhas. O pecado nos enterra vivos e faz de nós múmias. Tornamo-nos sombra da pessoa que Deus nos criou para ser. Se você continuar a pecar, pesará como 45 quilos de mortalha. Mas Jesus o está chamando para sair do túmulo.

Descobri que uma das melhores maneiras de personalizar as promessas da Bíblia é tirar o nome original e inserir o meu. Penso que não há problema em fazer isso. Afinal, cada promessa que Deus fez é *sim* em Cristo.[3] Portanto, tire o nome de Lázaro e coloque o seu: *Mark, vem para fora.*

Está ouvindo Ele chamar seu nome?
Ele está chamando você para sair do pecado.
Ele está chamando você para sair da morte.
Ele está chamando você para sair do seu túmulo.

Segunda Vida

A tradição da igreja oferece duas versões do que aconteceu com Lázaro depois da ressurreição. Uma afirma que ele e suas irmãs foram para a ilha de Chipre, onde Lázaro foi o primeiro bispo de Cítio. Há quem considere que a Igreja de São Lázaro, na moderna cidade de Lárnaca, foi construída em cima do seu segundo túmulo, no qual foi enterrado cerca de 30 anos depois da primeira morte. A segunda tradição da igreja afirma que Lázaro e suas irmãs acabaram se estabelecendo em Marselha, França, onde Lázaro sobreviveu à perseguição contra os cristãos movida por Nero, escondendo-se apropriadamente em um túmulo, mas acabou morrendo por decapitação durante a perseguição ordenada pelo imperador Domiciano.[4]

O LADRÃO DE TÚMULOS

Não sei qual tradição é a verdadeira ou se realmente uma delas é. Seja como for, Jesus devolveu à Maria e Marta seu irmão. Por quanto tempo Lázaro viveu depois que ressuscitou, não sabemos. Mas Jesus lhe deu uma segunda chance. O Ladrão de Túmulos quer fazer por você o que fez por Lázaro. Mas Ele não quer lhe devolver apenas a vida que o pecado e Satanás roubaram. Ele veio para que você tenha vida e vida com abundância![5] O Filho de Deus entrou no espaço-tempo para que você possa sair, para que possa passar a eternidade com Ele em um lugar onde não há mais pranto, nem choro, nem dor. O céu é o fim da entropia como a conhecemos, e a morte foi derrotada uma vez por todas. Nas palavras do apóstolo Paulo:

> Onde está, ó morte, o teu aguilhão? Onde está, ó inferno, a tua vitória?[6]

Quando meu padrasto morreu, Parker e Summer eram muito pequenos para hoje lembrarem-se. Por isso, muitas vezes, contamos histórias para criar lembranças para nossos filhos. Durante uma dessas conversas, Parker disse:

— Gostaria de ter podido me despedir do vovô. Queria pedir que ele dissesse oi para Jesus.

Com voz muito animada, Summer respondeu:

— Quando morrermos, iremos para o céu e veremos o vovô Schmidgall.

Diante do que Parker respondeu:

— Você não deveria ficar tão animada com a morte!

A princípio, não foi nada mais do que uma conversa carinhosa que Lora e eu estimamos. Mas ao longo dos anos, percebi que é mais do que isso. Lembra quando Jesus disse que devemos nos tornar como crianças? Penso que estas palavras são uma dimensão disso. Em algum momento, o medo da morte aquieta nossa expectativa da vida eterna. Mas se você já morreu para si mesmo, não precisa ter medo da morte. Você já não precisa viver como se o propósito da vida fosse chegar com segurança no momento da morte.

O Ladrão de Túmulos

Não há nada de errado em querer viver uma vida longa, mas a morte não é algo que tememos. A morte foi derrotada há 2 mil anos. Estar ausente do corpo é estar presente com o Senhor.[7]A morte é algo que podemos antever, porque não é o fim. É um novo começo. Muitos dos milagres que esperávamos na terra serão realizados no céu. Nossa nova vida começa quando Cristo nos chama para sair do túmulo do pecado. Nossa vida eterna começa quando nosso corpo estiver enterrado a sete palmos de profundidade. A morte é o pedágio que todos temos de pagar, mas é a rampa de entrada para a eternidade.

Capítulo
23

TAMBÉM AGORA

Lázaro está morto, e folgo, por amor de vós, de que eu lá não estivesse.
— João 11.14, 15

Considero um dos momentos mais embaraçosos da minha vida. Uma coisa é esquecer um casamento que você deveria ir. Outra coisa é esquecer um casamento que você deveria oficiar! Talvez seja porque não fizemos um ensaio na noite anterior, mas o fato é que o compromisso me fugiu completamente da memória.

Um toque de telefone já despertou-lhe a lembrança de algo? Como um alarme, o toque lembra algo que você deveria estar fazendo ou um lugar onde deveria estar. No momento em que meu telefone tocou, meu estômago foi parar na garganta, porque me lembrei do casamento ao meio-dia que deveria oficiar. Era 13h e eu estava em uma cabine de provas no shopping. Morri mil vezes naquela cabine! A noiva e o noivo começaram a preocupar-se com o não comparecimento do pastor por volta de quinze para o meio-dia, mas levou mais de uma hora para achar o número do meu telefone. Como conseguiram é nada menos do que um milagre. Telefonaram para o escritório da igreja, mas fechamos aos sábados. De alguma forma, ligação foi transferida para o telefone de emergência no elevador da cafeteria Ebenézer, e foi atendido automaticamente. Heather Zempel, pastora de discipulado, estava por acaso no elevador quando o telefone tocou. Pensou, na verdade, que fosse trote, porque ela não acreditava que eu me esquecesse de um casamento, mas eu era culpado das acusações.

Tomei banho como o Ligeirinho, enfiei um terno como o Super-Homem e dirigi até o local do casamento como se fosse uma corrida de NASCAR. Cheguei às três horas em ponto, e a cerimônia começou. Não foi fácil fazer contato visual com os convidados do casamento, mas a noiva e o noivo estavam inacreditavelmente graciosos. Na verdade, ainda continuam a frequentar nossa igreja. Não me diga que milagres não acontecem!

Quando finalmente cheguei, resolvi não dizer o que Jesus disse quando chegou atrasado ao funeral de Lázaro. Eu *não* disse: "Folgo, por amor de vós, de que eu lá não estivesse".[1]

Mas por que será que Jesus disse isso?

Parece-me, na melhor das hipóteses, impensado, e na pior, cruel. Se o seu amigo está no leito de morte e você tem a capacidade de curá-lo, você não larga tudo e corre para ajudá-lo o mais rápido que puder? No entanto, Jesus não se mexeu por dois dias. Depois, move-se devagar para chegar lá. E a pergunta é: *Por quê?*

Passivo-agressivo

Quando Jesus apareceu quatro dias atrasado, Maria e Marta ficaram um tanto quanto passivas-agressivas com Ele. Ambas dizem a mesma coisa: "Se tu estivesses aqui, meu irmão não teria morrido".[2] Não estão culpando Jesus... mas estão, mas não estão, mas estão. A verdade é que todos nós temos tendências passivas-agressivas em direção a Deus, não é? Não o culpamos pelas coisas ruins que acontecem, porém também sabemos que Ele poderia ter evitado que acontecesse. Então, por que não evitou?

Por que Jesus não se teletransportou à Betânia e curou Lázaro?

A minha opinião é esta: Jesus estivera lá e fizera isso. Jesus poderia ter andado sobre as águas, chegado em cima da hora e curado Lázaro, nem que fosse no momento em que ele estivesse dando o

último suspiro. Mas Jesus já tinha revelado seu poder de cura. Estava na hora de revelar seu *poder de ressurreição*.
Você não pode ressuscitar o que não morreu. Jesus esperou um pouco mais para revelar um pouco mais do seu poder. Ele faz a mesma coisa conosco. Se você se sente como se estivesse em um circuito de espera, pode ser porque Deus está se preparando para fazer algo mais milagroso do que você já experimentou. Mas algo precioso pode ter de morrer primeiro para que Ele possa ressuscitá-lo.
Se Jesus tivesse curado Lázaro, tenho certeza de que as pessoas teriam louvado a Deus. Tenho certeza também de que os céticos teriam afirmado que Lázaro não estava tão doente assim ou creditado a recuperação ao milagre da medicina. Mas quando alguém está morto durante quatro dias, só há uma explicação lógica e teológica. Vocês testemunharam um milagre de primeira ordem, e esse milagre de primeira ordem é o sétimo sinal no Evangelho de João.
Se Jesus tivesse curado Lázaro, a ação teria reforçado a fé que eles já tinham. Mas Jesus queria aumentar-lhes a fé. Para isso, às vezes, as coisas têm de ir de mal a pior antes de melhorar!

A Gramática de Deus

Já esqueci a maioria dos sermões que ouvi, e tenho certeza de que nossa congregação já esqueceu a maioria dos sermões que fiz. Mas de vez em quando, há um momento de revelação no meio de uma mensagem que muda vidas. Foi o que experimentei ao ouvir um antigo sermão do Dr. Charles Crabtree intitulado *A Gramática de Deus*. Encontrei uma frase absolutamente inesquecível: "Nunca coloque uma vírgula onde Deus coloca um ponto final, e nunca coloque um ponto final onde Deus coloca uma vírgula".

Quando alguém morre, obviamente colocamos um ponto final. Fim do jogo. Mas Jesus sabia que levaria o jogo para a prorrogação. Quando ouviu a notícia de que Lázaro estava doente, Jesus fez uma declaração ousada: "Esta enfermidade não é para morte".[3] Eu costumava ter um problema com essa afirmação, porque parece

O LADRÃO DE TÚMULOS

que Jesus está equivocado. Afinal, Lázaro, de fato, morreu. Mas a palavra operativa é *para*. Jesus disse que a enfermidade não seria para morte, e não foi. Ele sabia que Lázaro morreria, mas Jesus não colocou um ponto final. Ele inseriu uma vírgula de quatro dias.

"Temos a impressão de que Deus está errando o alvo", observou Oswald Chambers, "porque somos por demais míopes e não enxergamos a Jerusalém que Ele está visando."[4]

Você já teve a impressão de que Deus estava um dia atrasado e com um dólar a menos?

Maria e Marta tiveram a impressão de que Jesus estava quatro dias atrasado! A janela da oportunidade fechou, quando Lázaro deu o último suspiro, mas não acaba até que Deus diga que é o fim! Deus sempre tem a palavra final. E Marta sabia disso. O que sai de sua boca é uma das maiores declarações de fé de toda a Bíblia:

> Senhor, se tu estivesses aqui, meu irmão não teria morrido. Mas também, agora, sei que tudo quanto pedires a Deus, Deus to concederá.[5]

Percebeu a conjunção? Há um *mas* entre a declaração do fato e sua declaração da fé.

É óbvio que Marta ainda tem esperança quatro dias depois do funeral. Para ser honesto, um psicoterapeuta pode diagnosticar essa atitude como surto psicótico. Afinal de contas, a negação é um dos estágios da dor. Em que ponto você para de esperar e começa o luto? Dia um? Dia dois? Dia quatro? Há quem diria que era sua dor falando, mas ela estava falando pela *fé*. A fé muitas vezes parece estar fora de contato com a realidade, porém é porque está em contato com uma realidade que é mais real do que qualquer coisa que você veja, ouça, prove, toque ou cheire com os cinco sentidos. A fé é o nosso sexto sentido. Se você está em contato com Deus, às vezes, parecerá que está fora de contato com a realidade.

A sentença deveria terminar após Marta dizer: "Senhor, se tu estivesses aqui, meu irmão não teria morrido". Contudo Marta não coloca um ponto final. A fé insere uma vírgula, mesmo no final de uma sentença de morte. É o que Marta faz: "Também, agora, sei que tudo quanto pedires a Deus, Deus to concederá".

Gosto da pequena frase incrustada nesta declaração de fé: *também, agora*. É uma das minhas frases favoritas em toda a Bíblia. Mesmo quando parece que Deus está quatro dias atrasado, é muito cedo para desistir. Mesmo quando parece que seu sonho está morto e enterrado, não coloque um ponto final.

Professor Peso Pesado

Susanna Wright e seu marido ministram em uma das regiões mais pobres de Londres. Durante um período ministerial difícil, Susanna perdeu a esperança que oferecia. Esse período foi agravado pelo fato de seu sonho de publicar um livro estar morto. Em suas palavras, "esqueci a ressurreição". A mesma coisa acontece conosco, não é mesmo? Muitos cristãos lembram-se da ressurreição uma vez por ano! O resto do ano vivemos como se Jesus ainda estivesse pregado na cruz.

Quando Susanna bateu no fundo do poço, ela leu o livro *A Força da Oração Perseverante* e Deus ressuscitou seu sonho de escrever. Como tantos autores aspirantes, Susanna não conhecia ninguém na indústria editorial. Portanto, invadir essa indústria era como invadir o Palácio de Buckingham.

Certo dia, Susanna estava vasculhando o site de uma editora internacional, quando descobriu que seu escritório no Reino Unido estava em Londres, a apenas 3 quilômetros de sua casa. Ela decidiu rodear o prédio de escritórios toda semana, orando por uma maneira de entrar. Semana após semana, Susanna orou pela manhã, tarde e noite. Então, em uma dessas manhãs, ela lançou o desafio com Deus. Disse: "Senhor, estou cansada de orar dia e noite por uma ruptura. Quero sentir o estampido sônico de que Mark Batterson fala no livro".

Susanna estava referindo-se à parte de *A Força da Oração Perseverante*, onde contei a ciência por trás de um estampido sônico e o comparei à ruptura que experimentamos quando podemos parar de orar. Quase como um estampido sônico, chega um momento na oração em que você sabe que Deus a respondeu. Ainda que a resposta não seja uma realidade física, você sabe que é apenas questão de tempo para que Deus cumpra a promessa.

Assim como Susanna orou por aquele estampido sônico, um ônibus londrino de dois andares, pintado com um cartaz do tamanho do ônibus, dizia: "Aí vem o boom!", Susanna começou a rir em voz alta enquanto as pessoas paravam e olhavam para ela. Assim que recuperou a compostura, Susanna tirou uma foto do ônibus e pendurou-a na cozinha. Pouco tempo depois, a editora em torno da qual Susanna andara circulando em oração ofereceu-se para publicar seu livro. Ela diz:

Durante toda a minha vida tenho escrito algo. Escrevi meu primeiro poema aos sete anos. Enviei minha primeira história à uma editora infantil quando tinha onze anos. E, agora, serei uma escritora com livro publicado. Experimentei um renascimento que não achei possível em meu coração. Deus de alguma forma endireitou minha vida. Abriu as portas de uma grande editora e lançou-me em um ministério da escrita que vinha fermentando em mim por quase três décadas.

Quando se trata de sonhos ordenados por Deus, posso quase garantir que não demorarão mais tempo e serão mais difíceis de realizar do que você imagina. Por definição, um sonho ordenado por Deus sempre estará acima da capacidade e recursos que você tem. Mas é assim que Deus recebe a glória. Se você sente que seu sonho está morto e enterrado, talvez, Deus o tenha bem onde quer. Quase todos os sonhos que tive passaram por uma morte e ressurreição. É a prova de fogo. Se não for de Deus, permanecerá morto. Se for, Ele ressuscitará. Mas você precisa orar até que experimente a ruptura.

Aí vem o boom!

Ainda Não

Quando Deus diz *não* a uma oração, nem sempre significa *não*. Às vezes, significa *ainda não*. É o pedido certo, mas a hora errada.

Também Agora

Há alguns anos, Lora e eu estávamos procurando uma casa na Colina do Capitólio. Já morávamos na Colina desde 1996, quando tivemos a sorte de comprar uma casa de 100 anos de idade. Tendo em vista que nossos filhos cresciam, nossa casa geminada de quatro metros e meio de largura ficou pequena. Por isso, começamos a procurar uma casa com mais espaço. Encontramos nossa casa dos sonhos a menos de um quarteirão de distância.

Lora e eu decidimos fazer uma oferta, mas também conhecíamos nossos limites financeiros. Depois de orar sobre o assunto, determinamos nossa melhor oferta e sentimos que era uma prova. Se Deus quisesse que tivéssemos a casa, o proprietário a aceitaria. Com o mercado imobiliário em baixa e o tempo no mercado em alta, estávamos confiantes de que o vendedor aceitaria a oferta. Não aceitou. Por mais que quiséssemos a casa e por mais que tentássemos aumentar nossa oferta pré-determinada, tomamos a difícil decisão de desistir. Paramos de procurar casa.

Uma noite, cerca de um ano mais tarde, enquanto passávamos de carro em frente à casa que tínhamos tentado comprar, Lora disse:

— Você já teve a sensação de que era essa a casa?

Já tínhamos passado de carro em frente da casa centenas de vezes desde que o proprietário recusou a oferta, e nunca dissemos sequer uma palavra a respeito. Estava morto para nós. Mas o comentário casual de Lora deve ter sido uma oração profética, porque na manhã seguinte havia uma placa de Vende-se no quintal. Foi quando tive o pensamento santo de que o *não* de Deus um ano antes era na verdade um *ainda não*.

O que Lora e eu não sabíamos era que o proprietário nunca tinha vendido a casa. Ficou no mercado por 252 dias sem comprador, por isso, foi retirada do mercado. Quando o próprio proprietário colocou a casa de volta no mercado, decidimos fazer a mesma oferta. Era um risco calculado, porque ele já tinha dito *não* uma vez, mas era outra prova. Dissemos à nossa agente imobiliária que era nossa primeira e última oferta. Estávamos dispostos a desistir pela segunda vez, mas não foi preciso. Deus respondeu a nossas orações um ano depois de pensarmos que Ele respondeu.

Muitos milagres levam mais tempo para acontecer do que queremos, mas quanto mais esperamos, mais os desfrutaremos. Espero que o seu milagre não leve 38 anos para acontecer como foi com o paralítico, mas pouco importando quanto tempo leve você precisa confiar no tempo de Deus. Os milagres acontecem assim que estejamos devidamente prontos, e não um momento antes. Às vezes, é porque Deus, em sua graça, está nos dando tempo para amadurecer a fim de que estejamos aptos para administrar o milagre. Às vezes, Deus espera para que não deixemos de entender o que Ele quer nos dizer. Às vezes, Deus espera para destacar seu poder.

O fato de termos passado por morte e ressurreição com nossa casa dos sonhos nos fez apreciá-la mais do que teríamos apreciado de outra forma. Também nos deu a certeza de que essa é a nossa casa, e não outra. Quando algo nos é devolvido depois de nos ter sido tirado, quer se trate de casa ou saúde, já não o consideramos como permanente. É como ter um bolo e comê-lo também! No nosso caso, Deus até colocou uma cobertura doce sobre o bolo. Levando em conta que esperamos um ano para comprar a nossa nova casa, a nossa antiga casa valorizou 10%, porque o mercado imobiliário em Washington se recuperou. Temos nosso novo lar pela mesma quantidade de dinheiro e vendemos nossa velha casa por muito mais dinheiro do que teríamos um ano antes! O dízimo sobre a venda de nossa casa foi um dos cheques mais fáceis que já preenchi, porque a mão do favor de Deus era muito evidente.

Fé de Segundo Grau

Deixe-me voltar à declaração de fé dada por Marta:

Senhor, se tu estivesses aqui, meu irmão não teria morrido. Mas também, agora, sei que tudo quanto pedires a Deus, Deus to concederá.[6]

Esta declaração revela dois tipos de fé.

A primeira metade é o que chamo de *fé preventiva*. Marta diz: "Senhor, se tu estivesses aqui, meu irmão não teria morrido".[7] A fé preventiva acredita que Deus pode evitar que coisas aconteçam. Oramos para que Deus nos guarde em viagens ou para que coloque uma cerca de proteção em torno de nossos filhos. Claro que não há nada de errado com isso, mas a segunda dimensão da fé crê que Deus pode desfazer o que foi feito. Chamo-a de *fé de ressurreição*. É a fé que se recusa a colocar um ponto final no fim nas decepções, porque Deus pode tornar o impossível possível. Mesmo quando o pedido é negado ou a adoção é recusada ou o negócio vai à falência, você não coloca um ponto final. Mesmo assim, você crê *também agora*.

Em algum momento da vida, a maioria de nós acaba ficando com um sonho que está enterrado sob sete palmos de fracasso. Isso é verdade para quase todos os sonhos que Deus já me deu!

Quando eu estava na faculdade, sonhei com plantar uma igreja e pastoreá-la até o fim da vida. Tenho vivido esse sonho por 17 anos como pastor titular da Igreja da Comunidade Nacional em Washington, mas há um capítulo introdutório. Minha primeira tentativa foi um completo fracasso. Quando eu estava no seminário, o sonho de plantar uma igreja em Chicago transformou-se em pesadelo. A boa notícia é que, quando esse sonho morreu, parte do meu ego morreu com ele. Poucas coisas matam o orgulho com mais rapidez do que o fracasso! Veja o que quero dizer. Deus não quer matar o sonho que deu a você, mas quer crucificar qualquer coisa que impeça que Ele receba toda a glória quando você tiver sucesso.

Há momentos em que você precisa manter firmemente o sonho como se corresse risco de morte, mas também há momentos em que o sonho precisa ser enterrado. É preciso discernimento para saber a diferença. Suponho que Maria e Marta poderiam ter mantido Lázaro em seu leito de morte para visitação pública, em vez de tê-lo embalsamado e colocado no túmulo. Mas a tentativa humana de tornar o milagre mais fácil, na verdade, teria roubado de Jesus a oportunidade de revelar o poder da ressurreição! Uma coisa é ressuscitar uma pessoa em seu leito de morte. Outra coisa é chamar uma pessoa para sair do túmulo quatro dias após a sua morte! O que precisa morrer para que possa ser ressuscitado? Para que assim Deus mostre mais do seu poder? Para que Deus receba toda a glória?

Você precisa enterrar o que é para ser enterrado. Porque, se for ressuscitado, você saberá que foi Deus que fez.

É preciso coragem para terminar um relacionamento de namoro pouco saudável, mas você não encontrará a pessoa certa enquanto estiver namorando a pessoa errada. É preciso coragem para sair de um emprego, mas pode ser a diferença entre viver para comer e comer para viver. É preciso coragem para mudar de profissão, mas é melhor fracassar em algo que você gosta de fazer do que ter sucesso em algo que não gosta de fazer. Talvez você precise enterrar o relacionamento, enterrar o trabalho ou enterrar a profissão. Só então você precisa esperar que Jesus se mostre.

Durante o último ano e meio, orei por alguém em nossa igreja que se sentia chamado a deixar o emprego durante um desafio de oração de 40 dias. Depois de preencher mais de 330 fichas de emprego sem obter retorno, ele criticou retrospectivamente mais do que uma ou duas vezes a decisão de ter saído do emprego. A fé virou dúvida, e a dúvida virou depressão.

— Acontece que o meu desafio de 40 dias de oração foi para a prorrogação! — disse-me ele.

Na verdade, foi mais para duas prorrogações! Exatamente quando se sentiu inapto para trabalhar, ele venceu 50 outros candidatos para o emprego dos seus sonhos.

— Não sei por que tive que esperar tanto tempo — confessou. — Mas tendo em vista que sou solteiro, minha carreira era de longe a coisa mais importante na minha vida. Talvez seja por isso que Deus a deixou longe de mim temporariamente. Quando Deus tira algo de nós, nem sempre significa que ficará longe de você para sempre. Deus, muitas vezes, tira as coisas de nós com o propósito expresso de nos devolvê-las. E quando nos devolve, vemos o milagre pelo que é. Se você perdeu o amor e o encontrou de novo, você sabe do que estou falando. O mesmo acontece com a saúde e o dinheiro. É muito mais difícil considerar a bênção como certa.

Jesus Chorou

No antigo Israel, era costume enterrar a pessoa no dia da morte. Depois da morte, o Talmude prescrevia sete dias de luto intenso e 30 dias de luto leve. Jesus aparece bem no meio da mais intensa tristeza e angustia-se com eles. João 11.35 diz simplesmente:

Jesus chorou.

É um dos versículos mais curtos da Bíblia, mas diz muita coisa. Não sei se a tradução faz justiça. A força do tempo verbal grego sugere que Jesus desatou a chorar. Não foi uma reação comedida. Isso mostra o quanto Jesus amava Lázaro. Mostra também um Deus que derrama lágrimas! Ele não só chora por nós, mas põe nossas lágrimas no seu odre.[8]

Nossas lágrimas são preciosas para Deus. Quer sejam lágrimas de alegria, lágrimas de tristeza ou lágrimas de dor, não há lágrima perdida para com Deus.

Se você já sofreu o tipo de perda que Maria e Marta vivenciaram sabe que, às vezes, só precisa de um ombro para chorar. Sou grato por amigos que parecem quando todo mundo desaparece. Jesus é o amigo que é mais chegado do que um irmão,[9] e seus ombros largos suportam qualquer peso. Porém, de vez em quando, você precisa mais do que um ouvido atento, mais do que um ombro para chorar.

O LADRÃO DE TÚMULOS

Você precisa de um amigo *que possa fazer algo com a situação*. A boa notícia é: Jesus é ambos. Jesus não apenas ficou triste. Ele ficou aborrecido. A morte nunca foi parte do plano original de Deus. Foi o efeito colateral da queda. Jesus ficou muito aborrecido, porque a morte roubou seu amigo. Então, o Ladrão de Túmulos foi lá e o roubou da morte!

Capítulo

24

ARRISQUE SUA REPUTAÇÃO

Jesus, pois, movendo-se outra vez muito em si mesmo, foi ao sepulcro; e era uma caverna e tinha uma pedra posta sobre ela. Disse Jesus: Tirai a pedra. Marta, irmã do defunto, disse-lhe: Senhor, já cheira mal, porque é já de quatro dias.
— João 11.38, 39

Quando estava com 25 anos de idade, o evangelista Clayton fez uma viagem de 80 quilômetros nas montanhas do Himalaia. Seu propósito era falar do evangelho para um povo não alcançado no vale Zanskar.[1] Além do desafio físico de fazer a caminhada montanhosa, o risco de ser sequestrado ou morto era muito real. Apenas alguns meses antes da viagem, um grupo de missionários europeus foram executados por militantes islâmicos por tentativa de contrabandear 11 bíblias pela fronteira. Clayton e seus amigos tinham *1.110* bíblias nas mochilas!

Em preparação para a viagem missionária, os integrantes da equipe fizeram jejuns só de água, treinaram situações diversas com mochilas pesadas e leram o máximo que puderam sobre o budismo tibetano. Tendo em vista que um dos membros da equipe era médica, fabricaram uma clínica médica móvel para levar. E por último, mas não menos importante, oraram por milagres, porque sabiam que precisariam deles. Muitos deles.

A equipe de cinco pessoas foi de avião até Leh, um dos aeroportos mais altos do mundo. Após aclimatação a 3.350 metros de altitude, viajaram ao longo da fronteira da Caxemira com o Paquistão em direção à remota vila de Zangla. No caminho, um encontro divino definiu o tom para o restante da viagem. No meio do nada, depararam-se com um carona que estava de pé ao lado da estrada. Pelo que eles sabiam, o homem podia ser terrorista. Então, todos da equipe protestaram quando o motorista natural da região parou para apanhá-lo. Clayton opôs-se com tanta veemência que o carona disse em inglês imperfeito:

— Você é um menino que fala muito alto.

Em seguida, contou por que o motorista parou:

— Meu nome é Raja Norbu, e sou o rei do vale Zanskar. Moro em uma pequena aldeia chamada Zangla. É muito longe daqui e de difícil acesso. Como governador provincial, tenho de participar das reuniões anuais na Capital de Deli. Era para onde estava me dirigindo quando meu veículo quebrou. O seu motorista me reconheceu como rei Norbu.

Quais são as chances?

Não sei quanto a você, mas eu não conheço um rei! Clayton não apenas encontrou um rei, como também conheceu o rei da aldeia exata que sua equipe estava tentando alcançar!

Às vezes, Deus se mostra. Às vezes, Deus se esconde.

Depois de revelar quem ele era, o rei de Zangla perguntou o nome de Clayton. Quando respondeu: "Clayton King"[1], o rei Norbu entendeu literalmente! Quando perguntou por que um rei americano visitaria sua aldeia, Clayton não fez rodeios. Disse ao rei que queria montar uma clínica médica e dar ao povo exemplares de seu livro sagrado, a Bíblia. O rei Norbu ficou tão alegre que deu a Clayton uma carta manuscrita que não só garantia passagem segura e recepção calorosa em Zangla, mas também nomeava Clayton o rei interino enquanto ele estivesse fora. Assim, quando a equipe chegou à Zangla, eles foram tratados como, você pode imaginar, reis!

---

[1] **N do T.:** King em inglês significa "rei".

Arrisque sua Reputação

Uma Demonstração de Poder

No segundo dia na aldeia, a rainha perguntou a Clayton se ele sabia fazer o parto de um bebê. Clayton não tinha ideia, mas a médica da equipe sabia. Ela examinou a mãe e os gêmeos, avaliando rapidamente a situação. Para começar, era uma gravidez de alto risco, e para complicar as coisas, o primeiro bebê estava em posição pélvica. Na opinião profissional da médica, o bebê já havia morrido no útero.

Clayton não sabe o que lhe sobreveio naquele momento, mas pediu ao intérprete para traduzir a mensagem. Só depois que as palavras haviam saído de sua boca, foi que ele percebeu os potenciais desdobramentos. Com a ousadia de um profeta do Antigo Testamento, Clayton disse:

Viemos dos Estados Unidos como o povo de Deus. Nosso Deus é Jesus Cristo, que foi morto por nossos pecados e depois ressuscitou. Ele é poderoso e amoroso, e Ele mostrará o seu poder. Esta mãe viverá esta noite. Esses bebês viverão esta noite. Deus nos enviou a vocês para esse fim. Se morrerem, então vocês podem fazer com a gente o que quiserem.

Para fazer o parto do bebê que estava em posição pélvica, a médica tinha de quebrar-lhe o quadril. Ainda que esse procedimento permitisse que o bebê nascesse, ele estava, de fato, morto. Não havia pulso, nem batimento cardíaco e nem respiração. Eles não sabiam por quanto tempo o bebê estava morto, mas Clayton fez a única coisa que sabia fazer: clamou a Deus como se sua vida dependesse disso, e era alta a probabilidade de que sua vida realmente dependesse. Os minutos seguintes foram os momentos mais comoventes da vida de Clayton. Depois do que pareceram quatro dias, o Ladrão de Túmulos fez de novo. Deus ressuscitou o morto diante de todos. O bebê natimorto soltou um grito que era música para os ouvidos dos presentes!

Nas culturas que são supersticiosas ou animistas, Deus, muitas vezes, revela-se com o que os missiólogos chamam de "demonstração de poder". O confronto entre Elias e os profetas de Baal em 1 Reis 18 é um grande exemplo. Era como uma luta profética de artes marciais sem restrições de espécie alguma. Havia até mesmo palavras provocativas mútuas! Assim como Deus mostrara seu poder superior aos adoradores de Baal, ele mostrou seu poder para uma aldeia de budistas tibetanos ressuscitando um bebê natimorto.

Vem para Fora

Se você já leu a Bíblia de capa a capa, então você sofre de viés de retrospectiva. Você sabe como a história termina. Por isso, é difícil imaginar um resultado alternativo. Você perde não só o elemento surpresa, mas também a emoção pura. É o que ocorre com o sétimo sinal.

Se puder, esqueça como a história termina. Coloque-se ao alcance da voz de Jesus quando Ele diz: "Lázaro, vem para fora!".[2] Você ouve as palavras saírem da boca de Jesus, no entanto mal pode acreditar no que ouve!

Quem fala com os mortos como se eles ouvissem?

Quem tem a audácia de exigir que o túmulo entregue os seus mortos?

Porque presumimos o resultado — Lázaro saindo do túmulo —, deixamos de apreciar o risco que Jesus assumiu. Se Lázaro permanecesse morto, seria o momento mais constrangedor de Jesus. A família e os amigos que se reuniram para prantear seriam vítimas de uma piada cruel!

Não perca esta pequena história dentro da história no enredo da história.

Os seis milagres que precedem este estabelecem a credibilidade de Jesus. Eles revelam seu domínio sobre todas as coisas, de moléculas de água às quatro dimensões da realidade espaço-temporal.

Mas assim como no mundo do atletismo ou entretenimento, você só é tão bom quanto o último jogo ou a última apresentação. Se Lázaro não sair do túmulo, a credibilidade de Jesus sairá pela janela. Quando Jesus chamou Lázaro para fora, Ele estava empurrando todas as suas fichas milagrosas para o meio da mesa e investindo tudo em Lázaro. A investida não podia ter sido maior, mas é assim que a maioria dos milagres acontece.

A Mão de Deus

Sabe por que a maioria de nós não experimenta milagres? É porque nunca nos colocamos em situação que exige um! Consolamos as pessoas de luto em vez de chamar o morto para sair do túmulo. Mas se assumíssemos mais riscos, veríamos mais milagres! Este é mais um segredo para experimentar o milagroso: *você tem de arriscar sua reputação.*

Às vezes, você precisa arriscar sua credibilidade! Foi o que Clayton fez quando proclamou que os gêmeos viveriam. E não foi o que Sadraque, Mesaque e Abede-Nego fizeram quando se recusaram a se prostrar diante de um ídolo de 27 metros?[3]

Eles sabiam que seriam executados, caso não se prostrassem, contudo temiam a Deus mais do que temiam a própria morte. Preferiram morrer nas chamas a desonrar a Deus. Desafiaram o rei terreno com uma declaração ousada:

Não necessitamos de te responder sobre este negócio. Eis que o nosso Deus, a quem nós servimos, é que nos pode livrar; ele nos livrará do forno de fogo ardente e da tua mão, ó rei. E, se não, fica sabendo, ó rei, que não serviremos a teus deuses nem adoraremos a estátua de ouro que levantaste.[4]

Para ser honesto, eu poderia propor uma dezena de racionalizações para justificar prostrar-me. "Estou me prostrando por fora, mas não estou me prostrando por dentro." "Pedirei perdão logo depois que voltar." "Cruzei os dedos." "Estou quebrando apenas um dos Dez Mandamentos." "Que benefício sou para Deus se eu estiver morto?". Quando se trata de racionalizações pecadoras, somos infinitamente criativos, não é mesmo? Mas são nossas racionalizações que anulam a intervenção milagrosa de Deus. Quando comprometemos nossa integridade, não deixamos espaço para a intervenção divina. Quando resolvemos as coisas por conta própria, tiramos Deus da equação. Quando manipulamos a situação, perdemos o milagre.

Pare e pense a respeito.

Se Sadraque, Mesaque e Abede-Nego tivessem se prostrado diante da estátua, teriam sido livres da fornalha de fogo ardente. Porém, teria sido pela mão do homem, não pela mão de Deus. Ainda que tivessem salvado a vida, teriam sacrificado a integridade. Teriam também perdido o milagre.

Quando nos prostramos diante do que está errado, colocamos a nossa reputação e a reputação de Deus em risco. Mas quando defendemos o que é certo, estabelecemos a reputação de Deus colocando-nos em uma postura em que Deus pode mostrar-se e esconder-se. Foi exatamente o que Deus faz.

> Nem um só cabelo da sua cabeça se tinha queimado, nem as suas capas se mudaram, nem cheiro de fogo tinha passado sobre eles.[5]

Um Milagre Duplo

Dei uma entrevista pelo rádio logo após o lançamento de *A Força da Oração Perseverante*, e o radialista me contou uma história incrível sobre o Dr. Bob Bagley, seu amigo missionário. A igreja de Bob na África não tinha um templo. Por conta disso, reuniam-se à sombra da única árvore que havia perto da aldeia. Quer dizer, até o feiticeiro da aldeia amaldiçoar a árvore. Quando a árvore secou e morreu, a igreja não apenas perdeu a sombra. Todos da igreja foram relegados a segundo plano pela maldição, porque minou a autoridade da mensagem que anunciavam.

Arrisque sua Reputação

Bob sabia que seu prestígio na aldeia estava em perigo se ele não fizesse algo a respeito. Ele, então, convocou uma reunião de oração pública. Não diferente de Elias, que desafiou os profetas de Baal para um duelo de oração, Bob confrontou a maldição e chamou a bênção para a árvore que tinha morrido. Ele literalmente colocou as mãos sobre o tronco da árvore e orou para que Deus a ressuscitasse. Era um risco calculado, mas toda oração é, não é mesmo? Se Deus não respondesse à oração de Bob, ele teria cavado um buraco ainda mais profundo! Mas se você não orar pelo milagre, você nunca saberá o que Deus poderia ter feito. Mais uma vez, Deus não responderá 100% das orações que você não fizer. Se você não receber a resposta pelo que orou, não será um fracasso. Afinal de contas, a resposta pertence a Deus. A oração é a nossa forma de colocar a responsabilidade nas mãos de Deus. A única maneira que você pode falhar é não orar.

Agora, tendo dito isso, deixe-me acrescentar o seguinte: se você for chamar alguém para sair do túmulo, é melhor ter certeza de que ouviu Deus falar. O mesmo é verdade se você for colocar as mãos sobre uma árvore ou profetizar que um bebê natimorto viverá. Mas se Deus falou, é melhor você não ficar em silêncio.

Bob pediu a Deus que ressuscitasse a árvore, mas gosto da pequena frase acrescentada ao final da oração: "Não é o meu nome que está em risco".

Quando você age com fé, parece que está arriscando sua reputação, mas na verdade é a reputação de Deus que está em risco. Deus sabe defender o seu nome e a reputação que tem. Quando examino a Bíblia, parece-me que as pessoas que Deus usa mais são as que mais arriscam sua reputação. São pessoas que não têm medo de pedir que Deus faça o sol ficar parado, os muros caírem ou um machado de ferro flutuar.

A maneira de você estabelecer a reputação de Deus é arriscar a reputação que você tem. Se você não assumir o risco, você nunca testemunhará o tipo de milagre que Bob testemunhou. Deus não apenas quebrou a maldição e ressuscitou a árvore. Ela também tor-

O LADRÃO DE TÚMULOS

nou-se a única árvore de sua espécie a dar frutos não uma, mas duas vezes por ano.

Uma colheita dupla.
Uma bênção dupla.
Um milagre duplo.

A Apologética Final

O sétimo milagre revela a verdadeira identidade, a identidade plena de Jesus. Ele não é apenas o Senhor Latitude ou o Senhor Álgebra, por mais impressionantes que esses milagres sejam. Ele é mais do que o Fazedor de Vinho ou o Andador sobre as Águas. Ele é o Ladrão de Túmulos. Ele reserva para o fim sua mais ousada declaração:

Eu sou a ressurreição e a vida.[6]

É essa declaração única que diferencia Jesus e o coloca em uma categoria exclusiva: o Filho de Deus. O cristianismo não foi edificado sobre a fundação da filosofia ou código de ética. O rodapé de nossa fé é um fato fundamental: o túmulo vazio. Depois de enganar a morte, chamando Lázaro para sair do túmulo, Jesus saiu do próprio túmulo andando pelo seu próprio poder! Essa é a apologética final contra a qual não há argumentação.

Se a ressurreição não aconteceu, então o cristianismo classifica-se como a mais cruel farsa da história. Não estamos apenas perdendo a vida adorando Jesus. Estamos vivendo uma mentira. No entanto, se Jesus saiu do túmulo há mais de 2 mil anos, todas as apostas estão encerradas. Talvez eu devesse dizer, todas as apostas estão em Jesus.

Há um velho ditado que diz: *Ninguém aposta demais em um cavalo vencedor.* O cavalo vencedor é o cavalo branco que Jesus montará quando voltar para resgatar a Igreja.[7]

Lembra-se do evangelho de Jefferson? Esse evangelho chega a um beco sem saída quando a pedra é colocada na porta do túmulo

Arrisque sua Reputação

na sexta-feira. Penso que é nesse ponto que muitas pessoas deixam Jesus. As pessoas não hesitam em reconhecer que Jesus era compassivo e sábio, um grande mestre ou um poderoso profeta. Mas não foi o que Ele afirmava ser. Ele afirmava ser a ressurreição e a vida. É aqui que muitas pessoas ficam emperradas. Mas restam-nos apenas duas opções: ou Jesus era quem afirmava ser ou não era. Não há meio termo.

Em entrevista à revista *Rolling Stone*, perguntaram a Bono o que ele pensava acerca de Jesus. Fizeram esta pergunta: "Cristo tem sua posição entre os maiores pensadores do mundo. Mas 'Filho de Deus' não é um pouco forçado?". O vocalista do U2 e cruzado global contra a pobreza respondeu:

> Não, não é forçado para mim. Veja bem, a resposta secular à história de Cristo sempre é assim. Ele foi um grande profeta que tinha muito a dizer segundo os mesmos princípios de outros grandes profetas, sejam eles Elias, Maomé, Buda ou Confúcio. Mas Cristo não nos dá margem para isso. Ele não nos permite esse pretexto. Cristo diz: "Não. Não estou dizendo que sou mestre, não me chamem de mestre. Não estou dizendo que sou profeta. Estou dizendo: Eu sou o Messias. Estou dizendo: Eu sou o Deus encarnado". E as pessoas dizem: Não, não, por favor, seja somente profeta. Um profeta podemos aceitar. Portanto, o que lhes restam são duas opções: Cristo era quem Ele dizia ser — o Messias —, ou Cristo era um completo lunático.[8]

Imagine um debate entre Jefferson e Bono. Eu pagaria o *payperview* para assistir. Suponho que algumas pessoas tornariam Jefferson o favorito por grande diferença, mas acho que Bono ganharia o debate. Ainda que muitas pessoas como Jefferson não tenham problema em aceitar Jesus como alguém que curou por compaixão, ou que foi um mestre sábio, ou até mesmo um profeta religioso, não foi nada disso que Ele afirmou ser. Ele afirmou ser o Filho de Deus. E como C. S. Lewis observou famosamente, ou Jesus é um mentiroso, ou um lunático ou, de fato, o que afirmava ser: Senhor.[9]

O LADRÃO DE TÚMULOS

Não há meio termo. Ou Jesus é o Senhor de todos, ou Jesus não é o Senhor de todos. Então, qual é sua escolha? Essa decisão determinará o seu destino eterno. Também tornará o impossível possível!

Capítulo
25

UM PEQUENO SIM

Você crê nisso?
— João 11.26 (NVI)

Depois de afirmar sua identidade como a ressurreição e a vida, Jesus dispara uma pergunta à queima-roupa que marca a vida de Marta: "Você crê nisso?".[1] Lembre-se: Jesus ainda não tinha chamado Lázaro para sair do túmulo. Portanto, Marta ainda estava nas profundezas do desespero. A esperança estava morta há quatro dias. No entanto, Marta responde com sua simples profissão de fé:

Sim, Senhor.[2]

Um pequeno *sim* pode mudar sua vida.
Um pequeno *sim* pode mudar sua eternidade.

O teste decisivo é o mesmo hoje como era naquele tempo. A única pergunta na prova final de Deus é: *Você crê nisso?* Não é uma questão de múltipla escolha. É uma questão de verdadeiro ou falso. É a pergunta mais importante que você responderá. Essa única decisão determinará o seu destino eterno. A boa notícia é que é uma prova de consulta. Deus mostra a resposta certa em Romanos 10.9:

O LADRÃO DE TÚMULOS

Se, com a tua boca, confessares ao Senhor Jesus e, em teu coração, creres que Deus o ressuscitou dos mortos, serás salvo.

A ressurreição de Jesus Cristo é o eixo em torno do qual gira a fé cristã. Quando Jesus ressuscitou, o fato redefiniu radicalmente a realidade. Quando saiu do túmulo por seu próprio poder, a palavra impossível foi retirada do nosso vocabulário. A ressurreição é o elemento que mudou a história. Mas o segredo é aprender a viver como se Jesus tivesse sido crucificado ontem, ressuscitado hoje e estivesse voltando amanhã![3]

A ressurreição não é algo que comemoramos uma vez por ano usando chapéus com motivos pascais. É algo que comemoramos todos os dias em todos os sentidos. A ressurreição é nada menos que um milagre, é a rematerialização de corpos mortos. Mas os milagres da ressurreição não param por aqui. Deus ressuscita os sonhos. Ressuscita as relações mortas. Pouco importando a parte de sua personalidade que tenha morrido nas mãos do pecado, do sofrimento ou do próprio Satanás, o Ladrão de Túmulos veio para devolver-lhe a vida!

Ninguém sorriu ou riu desde o dia em que Lázaro foi sepultado. Mas quando saiu do túmulo, ninguém conseguia parar de sorrir ou rir. O sétimo milagre é uma foto de quem Jesus é, do que Jesus faz. O Ladrão de Túmulos rouba o que o inimigo roubou. Depois, o devolve para nós com juros.

Há alguns anos, tive o privilégio de batizar uma jovem cuja vida fora totalmente transformada pela graça de Deus. Nunca esquecerei o rosto de Rachel quando ela saiu das águas batismais. Foi pura alegria! Rachel descreveu o fato assim:

— Agora sou a pessoa que eu era quando criança, sempre sorrindo e sempre rindo.

Quando Jesus morreu na cruz, Satanás sorriu. Mas o Ladrão de Túmulos riu por último. Ele sempre ri por último. Se você lhe der uma chance, Ele lhe dará uma segunda chance.

Um Pequeno Sim

Ele lhe dará seu sorriso de volta.
Ele lhe dará seu riso de volta.
Ele lhe dará sua vida de volta.

Você crê nisso?

Se você crer, Ele tornará o impossível possível.

NOTAS

Capítulo 1 - O Dia em que a Água Corou
[1.] Devo a Dorothy L. Sayers por esse sentimento do seu ensaio de 1942 intitulado "Por que Funciona?".

Capítulo 2 - O Milagroso
[1] Gene Weingarten, "Pearls Before Breakfast", *Washington Post*, 08 de abril de 2007. Disponível em: < http://www.washingtonpost.com/wpdyn/content/article/2007/ 04/04/AR2007040401721.html>.

[2] Veja o vídeo "Selective Attention Test" postado por Daniel Simons. Disponível em:<http://www.youtube.com/watch?v=vJG698U2Mvo>. Veja Christopher Chabris and Daniel Simons, *The Invisible Gorilla: How Our Intuitions Deceive Us* (Nova York: CrownPublishers, 2010). [Edição brasileira: *O Gorila Invisível: e Outros Equívocos da Intuição* (Rio de Janeiro: Rocco, 2011).]

[3] G. K. Chesterton, *Orthodoxy* (Nashville: Sam Torode Book Arts, 2008), p. 56. [Edição brasileira: *Ortodoxia* (São Paulo: Mundo Cristão, 2008).]

[4] Andrew Fraknoi, "How Fast Are You Moving When You Are Sitting Still?", *The Universe in the Classroom* 71 (Primavera de 2007). Disponível em: < http://www.astrosociety.org/edu/publications/tnl/71/uitc71.pdf, http://www. astrosocie ty.org/edu/publications/tnl/71/howfast.html>.

[5] Carl Zimmer, "You're a Dim Bulb (And I Mean That in the Best Possible Way)", The Loom (blog), 23 de março de 2006. Disponível em:< http://

O LADRÃO DE TÚMULOS

blogsdisvermagazine. com/loom/2006/03/23/youre-a-dim-bulb-and-i-meanthat-in-the-best-possible-way /#.UjNs67warzc>.

[6] Shlomo Katz, ed., Torah.org, *Hamaayan*, vol. X, no. 1, 21 de outubro de 1995. Disponível em: < http://www.torah.org/learning/hamaayan /5756/bere ishis. html>.

Capítulo 3 - Os Milagres Perdidos

[1] Para verificar esses e outros fatos sobre a Biblioteca do Congresso veja "About the Library", *Library of Congress*. Disponível em:< http://www.loc.gov/about/index. html>.

[2] Thomas Jefferson, *The Thomas Jefferson Papers* Series 1, General Correspondence, 1651–1827, Thomas Jefferson to John Adams, 10 de junho de 1815. Disponível em: < http://hdl.loc.gov/loc.mss/mtj.mtjbib022062>.

[3] Edwin Gaustad, *Sworn on the Altar of God* (Grand Rapids: Eerdmans, 1996), p. 129.

[4] *Ibid.*, p. 130.

[5] Veja Josué 3.1-17.

[6] Veja 2 Reis 5.14.

[7] Laurence Gonzales, *Deep Survival* (New York: W. W. Norton, 2003), pp. 52–53.

[8] Veja Marcos 9.24.

[9] Veja João 20.31.

[10] A citação exata é: "A mente do homem, uma vez ampliada por uma nova ideia ou sensação, jamais retorna à sua dimensão original". Extraído de Oliver Wendell Holmes, *The Autocrat of the Breakfast-Table* (Boston: James R. Osgood and Co., 1873), Project Gutenberg. Disponível em: < http://www.gutenberg.org/ebooks/751>.

Capítulo 4 - O Fabricante de Vinho

[1] Veja Lucas 2.47.

[2] Veja Lucas 23.34.

[3] Graham Greene, *The Power and the Glory* (London: Vintage Books, 2005), cap. 1. [Edição brasileira: *O Poder e a Glória* (Rio de Janeiro: Edições Bestbolso, 2008).]

[4] Veja Lucas 2.19.

Notas

[5] Veja Salmo 8.5.

[6] Veja 1 Coríntios 14.3.

[7] Veja João 2.3.

Capítulo 5 - Seis Talhas de Pedra

[1] A água varia entre 55 e 78% do peso corporal humano, com 65% sendo a média.

[2] "Water Facts", Water.org, 2014. Disponível em: < http://water.org/water-crisis / water-facts/water>. Acesso em 6 de janeiro de 2014.

[3] Veja João 2.3.

[4] Justin Voda, "Da Vinci-Inspired Pump Brings Water to Thousands", *OCCC Pioneer*, 16 de abril de 2012. Disponível em: < http:// pioneer2010.occc.edu/ index.ph p/clubs/68-clubs/2016-da-vinci-inspired-pump brings-water-to-thousands>.

[5] Saiba mais sobre a Fundação Water4 em: http://water4.org.

[6] Veja 1 João 2.27.

[7] Veja João 2.10.

[8] "LEGO", Brickipedia.com. Disponível em: <http://lego.wikiacom/wiki/ LEGO>. Acesso em 7 de janeiro de 2014.

[9] Veja o verbete "ethanol fermentation", em Wikipedia.com, modificado em 31 de dezembro de 2013. Disponível em: <http://en.wikipedia.org/wiki/ Ethanol_fermentati on>.[Em português, veja https://pt.wikipedia.org/wiki/ Fermenta%C3%A7 % C3 % A 3o_alco%C3%B3lica>.]

[10] Veja Gênesis 1.3.

[11] Abraham Kuyper, "Sphere Sovereignty", in: *Abraham Kuyper: A Centennial Reader*, James D. Bratt, ed. (Grand Rapids: Eerdmans, 1998), p. 488.

[12] Veja Colossenses 1.16, 17.

[13] Veja Mateus 26.28.

[14] Veja Hebreus 9.22.

[15] Veja 2 Coríntios 5.21 (NVI).

[16] Veja Isaías 51.17.

O LADRÃO DE TÚMULOS

Capítulo 6 - Um Toque
[1] Phil Robertson with Mark Schlabach, *Happy, Happy, Happy: My Life and Legacy as the Duck Commander* (Brentwood, Tennessee: Howard, 2013), p. 109.

[2] Veja Mateus 20.30.

[3] Veja Marcos 2.1-12.

[4] Veja João 6.1-14.

[5] Richard H. Thaler and Cass R. Sunstein, *Nudge: Improving Decisions about Health, Wealth, and Happiness* (Nova York: Penguin, 2009), p. 4. [Edição brasileira: *Nudge: O Empurrão para a Escolha Certa* (Rio de Janeiro: Elsevier, 2008).]

[6] Veja Êxodo 30.34.

[7] Veja Êxodo 26.31.

[8] Veja Salmo 37.23.

[9] Veja Efésios 2.10.

[10] Veja Romanos 8.28.

[11] Veja Apocalipse 3.20.

[12] Os cristãos celtas chamavam o Espírito Santo de *Geadh-Glas* ou "Ganso Selvagem". Escrevi sobre esse assunto extensivamente em *Wild Goose Chase: Reclaim the Adventure of Pursuing God* (Colorado Springs: Multnomah, 2008).

[13] Mark Batterson, *In a Pit with a Lion on a Snowy Day* (Sisters, Oregon: Multnomah, 2006), p. 12. [Edição brasileira: *Na Cova com um Leão em um Dia de Neve* (São Paulo: Vida, 2009).]

Capítulo 7 - A Sincronicidade Sobrenatural
[1] Andrew Carroll, *Here Is Where: Discovering America's Great Forgotten History* (New York: Crown, 2013), p. 3.

[2] Veja Gênesis 50:20 (NTLH)

[3] Henry Greene, "Wherever You Go", Central Press newsletter, Central Presbyterian Church, Outubro de 2013. Disponível em: <http://www.cpcmerced. org/uploads/CentralPressOctober2013.pdf>.

[4] Veja Mateus 10.29-31 (ARA).

Notas

⁵ Benjamin Franklin, "Speech to the Constitutional Convention", 28 de junho de 1787. Veja "Religion and the Founding of the American Republic: Part VI: Religion and Federal Government", Library of Congress. Disponível em: <http://www.loc.gov/exhibits/religion/rel06.html>.

⁶ Veja João 10.10.

⁷ Veja 1 João 4.4.

⁸ Veja Romanos 8.31.

⁹ Conforme citado em Joe Carter, "Being on God's Side", *First Things*, 22 de dezembro 2010. Disponível em: < http://www.firstthings.com/webexclusives/2010/ 12/being-on-gods-side-an-open-letter-to-the-religious-right>.

¹⁰ Nick Vujicic, *Unstoppable: The Incredible Power of Faith in Action* (Colorado Springs: Waterbrook, 2012), p. 20. [Edição brasileira: *Indomável: Uma História sobre Acreditar e Conseguir* (São Paulo: Novo Conceito, 2013).]

¹¹ Veja Romanos 8.28.

Capítulo 8 - Vá com Deus
¹ Veja 2 Pedro 3.8.

Capítulo 9 - À Hora Sétima
¹ Tony Snesko, em e-mail pessoal enviado ao autor e usado com permissão.

² *Ibid.*

³ Dallas Willard, *The Great Omission: Reclaiming Jesus's Essential Teachings on Discipleship* (Oxford, UK: Lion Hudson, 2006), p. 61. [Edição brasileira: *A Grande Omissão: As Dramáticas Consequências de Ser Cristão sem se Tornar Discípulo* (São Paulo: Mundo Cristão, 2007).]

⁴ Veja Lucas 8.43-48.

⁵ Veja Lucas 7.36-50.

⁶ Veja Marcos 2.1-12.

⁷ Veja Marcos 8.22-26.

⁸ Veja Marcos 8.25 (ARA).

⁹ Veja João 4.46 (ARA).

Capítulo 10 - Muito Supersticioso
¹ "The Unsolvable Math Problem", Snopes.com. Atualizado em 28 de junho de 2011. Disponível em: <http://www.snopes.com/college/homwork/un solvable.asp>.

O LADRÃO DE TÚMULOS

[2] George Dantzig. Disponível em: <http://en.wikipedia.org/wiki/George_Dantzig>. [Em português: <https://pt.wikipedia.org/wiki/George_Dantzig>.]

[3] Veja Mateus 19.26.

[4] Veja João 5.8.

[5] Sarah Young, *Jesus Calling* (Nashville: Thomas Nelson, 2004), p. 243. [Edição brasileira: *O Chamado de Jesus* (São Paulo: Sextante, 2012).]

[6] Em e-mail pessoal enviado ao autor e usado com permissão.

[7] Uma das muitas versões desta história aparece em "Ty Cobb", Baseball-statistics.com. Disponível em:<http://www.baseball-statistics.com/HOF/Cobb.html>.

[8] Veja Josué 10.1-15.

[9] Veja 2 Reis 6.1-7.

[10] Veja Lucas 1.26-38.

[11] Veja Mateus 14.22-33.

[12] Veja João 11.25.

Capítulo 11 - Profecias Autorrealizáveis

[1] Alan Deutschman, *Change or Die* (New York: Regan, 2007), p. 3. [Edição brasileira: *Mude ou Morra* (Rio de Janeiro: Best Seller, 2007).]

[2] *Ibid.*, p. 4.

[3] Veja João 5.6.

[4] Veja Lucas 23.39.

[5] Veja 2 Reis 5.1-14.

[6] Veja Lucas 8.42-48.

[7] Veja João 21.1-14.

[8] "Understanding Motion by Standing Still", Boston University. 16 de Janeiro de 1998. Disponível em: <http://www.newswise.com/articles/understanding-motion-by-standing-still>.

[9] Veja Daniel 1.1-21.Recomendo também o livro*The Daniel Plan: 40 Days to a Healthier Life*, de Rick Warren, Dr. Daniel Amen e Dr. Mark Hyman (Grand Rapids: Zondervan, 2013).[Edição brasileira: *Plano Daniel: 40 Dias para uma Vida mais Saudável* (São Paulo: Vida, 2014).]

Notas

¹⁰ Veja Romanos 8.37.

¹¹ Veja Zacarias 2.8.

¹² Veja Isaías 62.12 (NTLH).

¹³ Veja Romanos 8.17.

¹⁴ Veja João 1.12.

¹⁵ Veja Mateus 16.18.

¹⁶ "They'll Put a Man on the Moon before I Hit a Home Run", Did You Know? 04 de maio 2011. Disponível em: <http://didyouknow.org/theyll-put-a-man-on-the-moon-before-i-hit-a-home-run>.

¹⁷ Alex Santoso, "Jim Carrey Once Wrote Himself a $10 Million Check", Neatorama. 07 de outubro de 2012. Disponível em: < http://www.neatorama.com/ 07 de outubro de 2012./Jim-Carrey-Once-Wrote-Himself-a-10-Million-Check>.

¹⁸ Veja Atos 3.6.

¹⁹ Agradeço a Eugene Peterson por esta ideia, inspirada por seu *A Long Obedience in the Same Direction: Discipleship in an Instant Society* (Downers Grove, Illinois: InterVarsity, 1980). [Edição brasileira: *Uma Longa Obediência na Mesma Direção: Discipulado numa Sociedade Instantânea* (São Paulo: Cultura Cristã, 2005).]

Capítulo 12 - O Quebrador de Regras

¹ Veja Mendy Hecht, "How Far Am I Allowed to Walk on Shabbat?", Chabad. org. Disponível em:< http://www.chabad.org/library/article_cdo/aid/484235/ jewish /How- far-am-I-allowed-to-walk-on-Shabbat.htm>.

² Alvaro Pascual-Leone, Amir Amedi, Felipe Fregni, and Lotfi B. Merabet, "The Plastic Human Brain Cortex", *Annual Review of Neuroscience* 28 (2005):377-401. Disponível em: < http://brain.huji.ac.il/publications/Pascual-Leone_ Amediet%20a1% 20Ann%20Rev%20Neurosci%2005.pdf>.

³ Atribuído a Albert Einstein, conforme citado em Alice Calaprice, ed., *The New Quotable Einstein* (Princeton: Princeton University Press, 2005), p. 292.

⁴ Citado em Guy Kawasaki, *Rules for Revolutionaries* (New York: HarperCollins, 1999), p. 8.[Edição brasileira: *Regras para Revolucionários* (Rio de Janeiro: Campus, 1999).]

⁵ Rolf Smith, *The Seven Levels of Change: The Guide to Innovation in the World's Largest Corporations* (Arlington, Texas: Summit, 1997), p. 49.

O LADRÃO DE TÚMULOS

⁶ Russell Stannard, *The God Experiment: Can Science Prove the Existence of God?* (London: Faber and Faber, 1999), p. 77.

⁷ Veja Filipenses 4.13.

⁸ Hugh Ross, *Beyond the Cosmos: What Recent Discoveries in Astrophysics Reveal about the Glory and Love of God* (Orlando, Florida: Signalman, 2010), p. 110.

⁹ Veja Efésios 3.20.

Capítulo 13 - Dois Peixinhos

¹ Veja João 6.5 (NTLH).

² Veja João 6.5.

³ Veja João 6.7.

⁴ Deborah A. Small, George Loewenstein, and Paul Slovic, "Sympathy and Callousness: The Impact of Deliberative Thought on Donations to Identifiable and Statistical Victims", *Organizational Behavior and Human Decision Processes* 102:2 (Março de 2007), pp. 143–153.

⁵ Veja João 6.9.

⁶ Veja Números 11.1-35.

⁷ Veja Números 11.21, 22.

⁸ Veja Salmo 50.10.

⁹ Veja Lucas 6.38.

¹⁰ Veja Números 11.31, 32.

Capítulo 14 - O Senhor Álgebra

¹ Oswald Chambers, *My Utmost for His Highest* (Grand Rapids: Discovery House, 2006), p. 13. [Edição brasileira: *Tudo para Ele* (Belo Horizonte: Betânia, 2004).]

² Veja Mateus 6.11.

³ Veja Êxodo 16.1-36, especialmente os versículos 18 e 19.

⁴ Veja 2 Reis 4.1-7.

⁵ Veja Êxodo 14.1-31.

⁶ Veja Marcos 4.35-41.

⁷ Veja João 6.10.

Notas

⁸ Veja João 6.6.

⁹ Veja Marcos 8.1-10.

¹⁰ Veja Mateus 13.1-23.

¹¹ Veja Mateus 13.8.

Capítulo 15 - Conte os Peixes

1 Para obter mais informações, visite www.kicheko.org.

2 Veja Lucas 21.1-4.

3 Veja João 21.1-14.

4 Veja Lucas 5.5.

Capítulo 16 - O Andador sobre as Águas

1 Veja Marcos 4.39.

2 Lindsey Konkel, "Could Humans Walk on Water?", Livescience.com. 29 de junho de 2010. Disponível em: < http://www.livescience.com/32670could humans-walk-on-water.html>.

3 DoronNof, Ian McKeague, and Nathan Paldor, "Is There a Paleolimnological Explanation for 'Walking on Water' in the Sea of Galilee", *Journal of Paleolimnology* 35 (2006), pp. 417-439. Os autores fazem uma confissão junto com esta afirmação: "Quer tenha acontecido ou não é um problema para os estudiosos da religião, os arqueólogos, os antropólogos e os crentes decidirem. Como cientistas naturais, apenas indicamos que os processos exclusivos de congelamento aconteceram nessa região várias vezes durante os últimos 12.000 anos".

4 Al Seckel, "Al Seckel: Visual Illusions That Show How We (Mis)Think", TED. com. Fevereiro de 2004 (postado em abril de 2007). Disponível em: < http://www.ted.com/talks/al_seckel_says_our_brains_are_mis_wired.html>.

5 Richard Restak, *Mozart's Brain and the Fighter Pilot: Unleashing Your Brain's Potential* (Nova York: Harmony, 2001), p. 92.

6 Mark Nepo, *The Book of Awakening* (San Francisco: Conari Press, 2000), p. 131.[Edição brasileira: *O Livro do Despertar* (São Paulo: Gente, 2006).]

7 "*Star Trek* Quotes", IMDB.com, 2014. Disponível em: < http://www.imdb.com /title/tt0060028/quotes.

8 Veja João 3.8.

Capítulo 17 - O Desafiador do Diabo

[1] Veja Mateus 21.12, 13.

[2] Dorothy L. Sayers, *The Greatest Drama Ever Staged: Letters to a Diminished Church* (Nashville: Thomas Nelson, 2004).

[3] Veja Marcos 5.1-20.

[4] Veja 1 João 4.18.

[5] Veja João 6.18.

[6] André Gide, *The Counterfeiters: A Novel*, trans. Dorothy Bussy (New York:Vintage Books, 1973), p. 353.

[7] Veja Joao 6.19.

Capítulo 18 - Corte o Cabo

[1] "Otis Elevator Company", Wikipedia. Disponível em: < http://en.wikipedia.org /wiki/Otis_Elevator_Company>. Acesso em 13 de fevereiro de 2014.

[2] Veja Mateus 14.22-33.

[3] Veja Marcos6.48.

[4] Veja João 1.48.

[5] Veja João 1.46, 49.

[6] "George Washington: First Inaugural Address", *Inaugural Addresses of the Presidents of the United States* (Washington, DC: U.S. G.P.O, 1989), Bartleby.com. Disponível em: < http://www.bartleby.com /124/pres13.htm>.

[7] Wayne Whipple, *The Story of Young George Washington* (Philadelphia: Henry Altemus Company, 1918), p. 180.

[8] David Barton, *The Bulletproof George Washington* (Aledo, Texas: Wallbuilder Press, 1990), pp. 50-51.

[9] O tratamento dos nativos americanos é um capítulo obscuro da história americana como nação. O mesmo podemos dizer sobre a escravização de africanos que chegaram às costas americanas acorrentados. As letras de "America the Beautiful", canção escrita em forma de poema em 1893, são verdadeiras: "Deus derramou sua graça em ti". Como todas as outras nações, a América está longe da perfeição. Mas um olhar mais atento sobre a história americana revela uma história providencial dentro de outra história que é inesquecível.

Notas

[10] Veja Mateus 14.24.

[11] Veja Mateus 14.26.

[12] Veja Mateus 14.28.

Capítulo 19 - Nunca Diga Nunca

[1] Oliver Sacks, *The Island of the Colorblind* (New York: Vintage Books, 1998), p. 208. [Edição brasileira: *A Ilha dos Daltônicos* (São Paulo: Companhia das Letras, 1997).]

[2] Veja Lucas 11.34.

[3] *Pneumatologia* é a teologia do Espírito Santo. *Soteriologia* é a teologia da salvação. *Escatologia* é a teologia do fim dos tempos.

[4] Albert Einstein, "Religion and Science", *New York Times Magazine*, 09 de novembro 1930, pp. 1-4. Disponível em: < http://www.sacred-texts.com/aor/einstein /einsci.htm>.

[5] Citado em David N. Menton, "The Eye", BestBibleScience.org. Disponível em: < http://www.bestbiblescience.org/eye.htm>.

[6] Veja Provérbios 20.12.

[7] Bradley Voktek, "Are There Really as Many Neurons in the Human Brain as Stars in the Milky Way?". *Brain Metrics* (blog), 20 de maio de 2013. Disponível em: < http://www.nature.com/scitable/blog/brain-metrics/are_the re_really_as_many>.

Capítulo 20 - A Liga dos Milagres

[1] Veja Mateus 9.20-22.

[2] John Tiller, em testemunho dado na Igreja da Comunidade Nacional. Usado com permissão.

[3] *Ibid.*

[4] Veja João 9.2.

[5] Veja João 9.3.

[6] Veja Hebreus 11.32-35.

[7] Veja Hebreus 11.35-38.

[8] Max Lucado conta a história de JJ Jasper no livro *You'll Get through This: Hope and Help for Your Turbulent Times* (Nashville: Thomas Nelson, 2013), pp. 23-24. [Edição brasileira: *Você Vai Sair Dessa!: Deus Está ao seu Lado*

Mesmo Quando os Problemas Parecem Não Ter Solução (Rio de Janeiro: Thomas Nelson Brasil, 2013).]

⁹ *Ibid.*, p. 28.

¹⁰ "Mississippi Television Station WCBI Airs Flame On Story", Flame on Blog, 09 de março de 2011. Disponível em: < http://www.flameon.net/blog / mississippi-televi sion-station-wcbi-airs-flame-on-story.aspx>.

¹¹ Citado em *ibid.*

¹² Dr. Martin Seligman, *Learned Optimism* (New York: A. A. Knopf, 1991). [Edição brasileira: *Aprenda a Ser Otimista* (Rio de Janeiro: Nova Era, 2005).]

¹³ Veja Romanos 8.37.

¹⁴ Veja Gênesis 50.20.

¹⁵ Aldous Huxley, *Texts and Pretexts* (Nova York: W. W. Norton, 1962), p. 5.

¹⁶ Veja Romanos 8.28.

Capítulo 21 - Cuspa

¹ Greg Stielstra, *PyroMarketing: The Four-Step Strategy to Ignite Customer Evangelists and Keep Them for Life* (Nova York: HarperBusiness, 2005), p. 92.

² Veja João 9.39.

³ Veja João 8.12.

⁴ Veja Gênesis 1.3.

⁵ Veja Gênesis 1.2.

⁶ Veja João 9.6.

⁷ Veja Gênesis 2.7.

⁸ Veja João 9.7.

⁹ Conforme citado por Rodney Buchanan no sermão "Blindness and Light", Sermon Central, Julho de 2007. Disponível em: < http://www.sermoncentral.com /sermons/blindness-light-rodney-buchanan-sermon-on-faithgeneral-109700.asp.

¹⁰ Veja João 9.7.

Capítulo 22 - O Ladrão de Túmulos

¹ Veja Gênesis 2.17.

Notas

[2] Veja João 11.44.

[3] Veja 2 Coríntios 1.20.

[4] "What Happened to Lazarus after His Resurrection?", The Straight Dope, 20 de outubro de 2009. Disponível em: < http://www.straightdope.com/columns/read/2902/ what-happened-to-lazarus-after-his-resurrection>.

[5] Veja João 10.10.

[6] Veja 1 Coríntios 15.55.

[7] Veja 2 Coríntios 5.8.

Capítulo 23 - Também Agora

[1] Veja João 11.15.

[2] Veja João 11.21, 32.

[3] Veja João 11.4.

[4] Oswald Chambers, "The Big Compelling of God", in *My Utmost for His Highest*. Disponível em: < http://utmost.org/classic/the-big-compelling-of-god-classic>. [Edição brasileira: *Tudo para Ele* (Belo Horizonte: Betânia, 2004), 3 de agosto.]

[5] Veja João 11.21, 22.

[6] *Ibid*.

[7] Veja João 11.21.

[8] Veja Salmo 56.8.

[9] Veja Provérbios 18.24.

Capítulo 24 - Arrisque sua Reputação

[1] Clayton King contou-me esta história pessoalmente, mas você pode ler seu relato surpreendente no livro *Amazing Encounters with God: Stories to Open Your Eyes to His Power* (Eugene, Oregon: Harvest House, 2009).

[2] Veja João 11.43.

[3] Veja Daniel 3.1-30.

[4] Veja Daniel 3.16-18.

[5] Veja Daniel 3.27.

[6] Veja João 11.25.

O LADRÃO DE TÚMULOS

⁷ Veja Apocalipse 19.11.

⁸ Michka Assayas, *Bono: In Conversation with MichkaAssayas* (Nova York: Riverhead, 2005), p. 205. [Edição portuguesa: *Bono por Bono* (Lisboa, Portugal: Afluentes da Memória, 2006).]

⁹ C. S. Lewis, *Mere Christianity* (1952; Nova York: HarperCollins, 2001), p. 54. [Edição brasileira: *Cristianismo Puro e Simples* (São Paulo: Martins Fontes, 2005).]

Capítulo 25 - Um Pequeno Sim

¹ Veja João 11.25, 26.

² Veja João 11.27.

³ Agradeço a Martinho Lutero por este pensamento. Ele disse: "Prego como se Cristo tivesse sido crucificado ontem, ressuscitado dos mortos hoje e estivesse voltando amanhã".